国家社会科学基金“十三五”2016年度教育学一般课题“普通高中学术性拔尖……实验研究”（课题编号BHA160158）研究成果

情境教学在高中思想政治学科中的运用研究

李亚川 / 著

辽宁大学出版社
Liaoning University Press

图书在版编目（CIP）数据

情境教学在高中思想政治学科中的运用研究/李亚川著. 一沈阳：辽宁大学出版社，2021.10
ISBN 978-7-5698-0431-7

Ⅰ.①情… Ⅱ.①李… Ⅲ.①政治课－教学研究－高中 Ⅳ.①G633.202

中国版本图书馆 CIP 数据核字（2021）第 131926 号

情境教学在高中思想政治学科中的运用研究
QINGJING JIAOXUE ZAI GAOZHONG SIXIANG ZHENGZHI XUEKE ZHONG DE YUNYONG YANJIU

出 版 者：辽宁大学出版社有限责任公司
（地址：沈阳市皇姑区崇山中路 66 号　　邮政编码：110036）
印 刷 者：北京米乐印刷有限公司
发 行 者：辽宁大学出版社有限责任公司
幅面尺寸：170mm×240mm
印　　张：13.75
字　　数：220 千字
出版时间：2022 年 4 月第 1 版
印刷时间：2022 年 4 月第 1 次印刷
责任编辑：李珊珊
封面设计：徐澄玥
责任校对：王　健

书　　号：ISBN 978-7-5698-0431-7
定　　价：45.00 元

联系电话：024-86864613
邮购热线：024-86830665
网　　址：http://press.lnu.edu.cn
电子邮件：lnupress@vip.163.com

前言

FOREWORD

随着学生核心素养培育的不断发展与深入，我国当前教育领域更为注重学生综合素质的全面培养。高中思想政治是紧扣时代主题，开化学生心智，拓展学生思维，滋养学生品质，提升学生学力，丰富学生人文素养，引领学生树立科学的世界观、人生观、价值观，教导学生学习思想政治基本理论的一门课程。它作为一门知识与德育并重的学科，既要教导学生获取知识，又要帮助学生培养正确的思想意识。为了能与时俱进，提高课堂教学效率，越来越多的教师在课堂上使用情境教学。在高中思想政治课教学中运用情境教学，不但能提高学生的学习兴趣，而且能在对问题进行探究的过程中激发学生的思维，使学生的学习能力得到不断的提高。情境教学法对提高学生学习高中思想政治课的兴趣，加强学生对高中思想政治知识的理解与运用，促进学生知识的转化，提升教师的理论素养与教学能力有着积极作用。情境教学法是当代比较先进的教学方法之一，情境教学法的引入，标志着我国教育体系随着社会的进步与发展，不仅代表了当今社会与新课标改革的最根本要求，更是因材施教、以人为本的基本要求。

基于此，本书以“情境教学在高中思想政治学科中的运用研究”为题，共设置六章：第一章阐释情境教学的内涵、理论依据、模式及应用、现实意义；第二章探讨高中思想政治教学论、高中思想政治教学目标、高中思想政治教学原则、高中思想政治教学方法；第三章探究高中思想政治课堂的导入策略、高中思想政治课堂的传授策略、高中思想政治课堂的结尾策略、高中思想政治课堂的品质提升策略、高中思想政治课堂的语言策略、高中思想政治课堂的课后巩固策略；第四章讨论高中思想政治情境教学的必要性与可行性、高中思想政治情境教学的构成要素、高中思想政治情境教学的影响因素、高中思想政治情境教学的选材与处理；第五章围绕高中思想政治教学审美情境概述、创设原则与条件、创设方法与现实意义展开叙述；第六章针对高中思想政治教学问题情境的创设、创设定义和原则、创设准备策略、创设实施策略、创设的现实意义进行讨论。

全书内容丰富详尽，结构逻辑清晰，客观实用，紧密结合高中思想政治学科课程安排，系统梳理和分析了情境教学法与思想政治课程相结合的创设方法及其优化策略。另外，注重理论与实践的紧密结合，对高中思想政治学科教育具有一定的参考价值。

目录
CONTENTS

第一章

情境教学理论

第一节 情境教学的内涵阐释

情境教学的主要任务是创设情境学习环境，该环境可向学生提供支持，以促进个人对所体验到的世界的意义进行构建。该环境还必须提供互动的和持续的激励作用。这是因为激励能向学习者提供信息内化的机会，从而有助于培养较高级的、原认知的技能。情境教学有五个基本要素：教学主体、教学任务、教学目标、教学过程和激励与评价。

一、情境教学的主体

教学实施的主体必须是民主型、终身学习型和研究开拓型的教师。教师只有具有这样的品质和素质，才能和情境教学的要求一致，形成情境教学模式中重要的影响因素。情境教学要求教师充分理解学生、尊重学生和相信学生，体谅学生的情感和要求；能够营造民主、平等、和谐、轻松愉快的学习氛围；开拓进取，终身学习，提升自我精神境界，实现自我的不断超越，成为学生努力学习的示范者和终身学习的好楷模。如果将教师的教导活动和行为当作学生学习的情境，那么教师的作用就主要表现为富有智慧地进行情境的创设、提供和改组，教师在此过程中确证着自己的真实存在，教学的情境性说明，教师的教学行为应依据情境的不同而表现出不同的状态与特征。

学生是情境教学的积极能动的学习主体，是具有思想情感的个体，是具有独特的创造价值的能动体，是一个处在发展中的完整的人。情境教学所要求的学生观是一个全新的学生观，学生不是空着脑袋走进教室的，而是有着丰富经验的人。更为重要的是，学生能够依据其经验对问题做出解释。只有这样，情境教学的主体要素才是最佳的结合。

二、情境教学的任务

情境教学的主要任务是创设教学情境。情境认知强调情境在建立意义与学习者经验的耦合以及促进知识、技能和体验的连接关系上的重要性。情境既是问题的物理结构与概念结构，也是活动的意向与问题嵌入其中的社会环境。情境既包括一般氛围和物理环境，也包括共存的“后台事件”。情境认知暗示，当学习发生在有意义的情境中时，才是有效的。教学中的教学情境必须符合以下要求：

第一，教学情境必须符合学生的实际，即符合学生已有的生活经验和认知水平，脱离或远离学生实际，会让学生感到与己无关而麻木，索然寡味而无趣。

第二，教学情境必须具有趣味性和浸润性。教学情境要的就是生动有趣、具有吸引力的学习背景，具有亲和力的人际交融的情境，因为这更易激发学生学习的兴趣与动机，激发学生的探究热情，使学生在宽松、和谐、愉悦的氛围中，由对问题的自然想法开始探索，从而进一步深入和拓展对问题的思考空间。

第三，教学情境不仅应包含丰富的学科知识、能力因素以及相关学科的因素，而且还应包含大量的本地、本校和本班的课程资源。

第四，教学情境应具有调动学生积极学习、促进学生成长和提升学生精神境界的情意因素。这些因素会让学生充满自信，积极主动参与学习，能让学生的认知活动与情感活动有机结合，从而促进学生非智力因素的发展和健康人格的形成，也有利于提高学生的精神境界。

三、情境教学的目标

教学的目标是坚持知识与能力，过程与方法，情感、态度和价值观，科学技术与社会的关系的协调统一，促进学生积极主动地发展。

情境教学模式是充分体现改革创新的精神，体现以学生发展为本，以培养学生的创新精神与实践能力为核心的教育理念，着眼培养学生终身学习的愿望和能力的全新教学模式。因此，它要求教师从知识的权威者转变为学生课题研究的参与者，从知识的传递者转变为学生学习的促进者、组织者和指导者，从单纯的知识传授变为关心学生的终身发展，等等。注重知识与能力，过程与方法、情感与价值观，态度与价值观的协调统一，努力促进每个学生积极主动地发展。

四、情境教学的过程

师生互动是情境教学的关键，体现了情境教学的独特价值。因为教学旨在提高学生的科学素养，理解科学技术与社会的关系，理解科学的本质以及形成科学的态度和价值观。而中学课程又有很多抽象的理论和微观的内容，如果教学中只有单向的信息传递，既不能保证教师了解学生的知识水平和已有经验，又难以促使教师对科学知识的内涵作切合学生实际的深入挖掘。因此，情境教学过程不仅需要学生作为学习主体积极主动地参与和体验，更需要师生间形成一种互为主体的互相对话、包容和共享的互动关系。只有这样，才能实现学生认知和实践能力的提高、情感和觉悟的提升。

五、情境教学的激励与评价

（一）情境教学的激励形式

（1）模拟。在作为认知学徒期的基础的模拟中，学生对正在完成任务的教师先进行观察，然后再模拟。当模拟发生在任务执行过程中并以重要方式吸引学习者参与时，这种模拟最有效。在情境学习环境中模拟最重要，模拟侧重于作业的思考过程。

（2）支架。从建筑学借用过来的隐喻——支架的五种好处：①提供支撑；②作为工具发挥作用；③可扩大工人的行动范围；④允许工人在没有其他可能的情况下完成任务；⑤可在需要之处有选择地用于帮助工人。

当认知结构相当发达时，则不需要支架；当该结构不完整或不稳固时，则需要支架。通过支持已研究的理解与知道怎样做之间的相互作用，支架可促进学生的已知知识向正在完成的任务迁移。支架能尽可能地从允许学习者管理自己的学习需要出发，支持并简化任务，使他们能完成在其他情况下无法完成的任务。这包括提供最理想的挑战：挑战过小则无意义，过大则遇到挫折。由此，支架可通过创造学习者的认知水平与教学特征之间的适配，来闭合任务的要求与技能水平之间的裂缝。

支架的排列可从完成一个完整的任务到提供临时的暗示。随着学习者在其理解中变得越来越熟练，支架可减少、再组或拆除。

（3）指导性、辅导性与顾问性建议。指导包括当个人试图学习或完成一个任务时，对他们进行的观察和帮助，指导是对学习者理解方面的活动和背景知识进行解释，并提出怎样实施。指导者同样要识别出学习者思维中的错误、误解或不完善的推理，并帮助学习者对此进行修正。学习者必须有机会去体验他们自己的决策过程和解决问题的策略。

（4）合作性。观念是在一种文化中变化和修正的，信念系统则是通过会话与论述而得到发展和精炼（净化）的。既然学习部分是通过社会性论述进行的，那么，小组相互作用就是基本的。在小组之间，社会性的相互作用和会话是以专门引发与修正有关个人的信念的方式发生的。

合作是日常相互作用所固有的。个人总是试图通过利用社会提供的图式和情境线索去解决问题。合作通常以多种方式存在。在合作学习中，学生学习与他人一起处理的意义并体验对学习的共同责任。学生对各种经验的意义进行澄清、精制、描述、比较、处理并达到一致。学生能在特定领域或问题范围内成为专家，并参与相互教学。小组的全部成员轮流做学习的领导者、学习的听众，或提供批评，或担任激励讨论的领导人，对内容做出解释并协助解决误解。

（5）衰减性。随着时间的流逝，模拟以及其他的支持方式都应该逐渐衰减，当学生的知识较丰富、技能也比较熟练时，则应该取消。显然，衰减包括逐渐地减少支持，直到学生能独立完成任务。通过衰减，学生变得比较独立自主并能进行自我调节，而不再过分地依赖于外部的结构性支持。

（6）认知工具与资源的利用。认知工具的设计能允许并鼓励学习者去形成自己的思维与观念。情境学习环境提供各种认知工具与资源，以支持学生为中心的学习。工具能为学生优化自己的认知潜能提供广博的机会。例如，在计算机支持下的有意义学习环境中，学生以图片和书面笔记的形式，在社会互动中构建理解的数据库。每一个学生制作自己的图片和笔记，然后发表出来，作为社会性共建知识库的一部分。学生可以缩小或放大对象，从而进一步对它们进行精制。此外，他们可以通过书面笔记进行注释，也可以将自己的笔记与他人的笔记连接并做批注。学生通过创建数据库的过程受到鼓励，更多地思考如何对有关事项的各种想法进行加工与再加工。

总之，激励是教学过程的自然需要。与鼓励学生仿造外部知识的传统教学相反，情境学习环境试图帮助学生完善他们的认知可能性，改进其自我指导与自我修正的技能。学习环境必须鼓励积极活动并向学生提供信息内化的机会。就这个意义而言，情境学习中的激励较少有指导性，较为持续，并且是高度互动的。

（二）情境教学的评价形式

不同的测试背景通常会影响测试的意图。从宏观水平上看，测试常被用于评价教师、教学、课程和教育系统的效率，用于确定学校在区域中的位置。从微观水平上看，测试则用于引导学生注意某一课题，诊断学生学习的困难并提供相应的支持，以及将学生的进步告知其他学生、教师和家长。

传统的测试都不能成功地测量重要的学习成果。这些测试把重点放在陈述性与程序性知识的回忆上，同时却几乎不提供任何东西以显示学生的理解水平或个人思维的品质。因此，在指明情境学习环境的本质后，挑选合适的测量手段与方法是极为重要的。

1. 传统的测试方法

测试的内容以外显或内隐的方式影响着教学和学习过程。教师常常是为了测试而教，而不是强调理解概念。技能的教学也是按测试中要求的测量方式，而不是按照技能在日常环境中应用的方式。当测试要求的是对记忆信息的回忆时，学生所发展的就是记忆策略。该策略在促进适应性认知时，倾向于使知识脱离具体情境。这种强调结果的传统测试策略，在用于解决现实世界的问题时常常是无效的。传统的评价方法都趋向于低估认知与学习过程中的成长，而且使评定脱离真实情境。既然教育的基本目的是促进学生的深刻思考，那么，需要改变的就不仅是测试的结构，而且测试的基本概念也必须改变。

2. 情境教学的评价

为了成为有能力的人，学习者需要亲自体验真实问题的解决和对复杂任务的理解，因而评价必须更接近真实生活任务，并引发比较复杂的和具有挑战性的心智过程。

（1）评价关注诊断完成作业基础的认知的程序成分、策略和知识结构。在情境学习环境中，在考虑一个人的学习过程时总是要联系他的目的、意图和过去的成就，评价的注意焦点是发生在真实问题背景中的感知觉活动过程。对进步与成就的评价更多地依据个人独特的目的或过去的成绩，而不是依据小组的规范或标准。

（2）评价关注灵活的、可迁移的知识与技能。在情境学习环境中，学习的目的是通过解决相关问题来重构知识，灵活地运用知识和技能。由此可知，评价的重点是放在高水平的思考技能的灵活性上，而不是大量知识的回忆上。评价能刺激学生思考，促使学生对新情境做出反应，回顾和修正自己的工作，对自己和他人的工作做出评价，并以言语和视觉形式交流结果。评价引导学习者应用知识作为工具以操纵和解释新的环境，而不是仅仅证实已遭遇过的环境。

（3）评价是多样的、灵活的。在日常生活中，同样也在情境学习环境中，评价所学知识的方式有很多。例如，为了解学生的思维，教师需要识别学生用于解决问题的一系列策略，学生是在什么情况下运用这种观点的，向学生提供的各种策略都有哪些优点。教师通过观察学生是否能构建问题的真实解答，是否能提出针对问题的不同观点，是否能有凭有据地说明自己信仰的理由等，去评价学生。既然学习者的意图是很广泛的，那么用于评价学生的标准就不应该是绝对的，取而代之的应该是可变动的、反映学习者之间的差异胜于反映他们相似性的标准。由此，相对于学生的思想、行为和业绩，评价应是包含不同尺度和标准的一种多维度的过程。

（4）评价是持续的、进行中的过程。当评价镶嵌在真实任务中时，评价的出现是自然而然的。评价不是在教学之后进行的一种孤立的、终极性的活动，而是整个学习的一个方面，因而评价是一个进行之中的、嵌入的过程。例如，在认知学徒期内，向学生提供方法去建构对包含在环境中的问题的个人解释。师傅提供用于探索问题和管理认知成长的工具并进行演示，评定因而成为一种自然的过程，学习者通过这一过程诊断自己的需要，寻求有助于自己跨越学徒与师傅作业之间鸿沟的支持。

第二节 情境教学的理论依据

一、情境学习理论

情境学习要求学生在应用情境中学习不同的知识和技能。以下两条学习原理是情境学习应加以重视的：第一，将知识放在真实的应用情境中，达到学以致用，让学习者模仿专家作出相应的思考；第二，将学习放在社会性的协作中。情境学习作为现代教学常用的一个模式，对教学活动无疑是非常重要的。每个个体都在社会情境中学习和生活，是情境的一部分，情境时时都在制约着个体的行为。因此，个体的言行和思维在一定程度上都会受其影响。此外，每一个个体在情境之中都不是孤立的、静态的，他们和情境的关系就是主体和客体的关系。实际上，情境包含了个体，个体反映了情境，二者是对立统一的关系，随着个体的不断发展，情境也会产生变化，而当情境发生变化之后又会要求个体实现新的发展。因此，教师可以让学生在情境学习模式中真实地去体会和感悟。

二、认知与情感的相互作用理论

情境教学能在教学过程中引起学生的直接注意和积极的情感体验，直接提高学生的学习积极性。生动活泼的情境与演示，能使学生的情绪高涨，有利于学生学习动机的增强与知识的内化和强化，将情感等非智力因素转化为智力因素。同时，在情境教学过程中，既能使管形象思维的右半脑积极活动，又能使管逻辑思维的左半脑积极活动，左右半脑协同工作，可以提高大脑的思维能力，从而提高学生的学习效率。

个体的情感对认知活动有一定的作用，比如说动力作用、调节作用、强化作用等。动力作用指的是个人的情感能够让活动的效果增强或者让活动的效果减弱，如果个人能够对活动产生积极的、乐观的情绪，那么个体的认知过程将会得到促进，如果个体对活动产生的情绪是悲观的、消极的，那么会影响个体对于认知的效果，甚至可能会阻碍个体的认知。情境教学法指的是要为学生提供能够引发他们积极情感的环境，让学生提高学习的动力，让学生主动参与学习，把学习当作一件快乐的事情。个人情感具备的动力功能能够很好地解决学生学习兴趣不高的问题。除此之外，个人情感还有调节认知的功能，如果个人情绪是愉快的、积极的，那么有利于个体对知识的学习和了解；如果个体的情绪过于强烈或者过于低沉，那么可能会导致个体思维处于混乱状态，不利于个体对知识的记忆。情境教学法在为学生创建学习环境时要求环境是轻松的、平和的、和谐的、愉快的，能够让学生沉浸在情境中，让学生更好地进行学习。课堂教学的实践经验告诉我们：优良教学效果的取得往往需要课堂气氛的愉快、融洽，学生情绪的积极和愉快能够让知识更好地吸收，能够让学生真正理解知识的含义。

人的大脑分为左、右两个工作系统，左脑和右脑之间既有联系，又有自己独立的分工，一般情况下左脑负责逻辑思维、理性分析和言语方面的活动，右脑负责和情感相关的感觉、想象、创造等活动。一般的教学过程中涉及的知识讲解、练习背诵、分析探究都属于左脑的活动范围，因为这些活动不涉及情感的调动。但是，情境教学注重的是学生情感的预先感受，或者让学生在学习的同时进行感受，在进行感受时学生的右脑会处于兴奋状态，在学习时学生的左脑会处于兴奋状态，如果能够一边感受一边学习，那么就会让学生的左脑和右脑始终处于兴奋状态，或者是左脑处于兴奋中，或者是右脑处于兴奋中，也有可能是同时兴奋，这有利于开发大脑的潜力，能够让学生更快地学习、更快地吸收知识，所以情境教学能够提高教学的效果。

三、心理暗示理论

情境教学的前身是暗示教学法，暗示教学就是对教学环境进行精心的设计，用暗示、联想、练习和音乐等各种综合方式建立起无意识的心理倾向，激发学生的学习动机和兴趣，充分发挥学生的潜力，使学生在轻松愉快的学习中获得更好的效果。

心理暗示理论依据的要点有：①环境是暗示的重要而广泛的发源地；②人的可暗示性；③人脑活动的整体性；④创造力的假消极状态最易增强记忆，扩大知识，发展智力；⑤充分的自我发展，是人最根本的固有需要之一；⑥不愉快的事情往往不经意识就为知觉所抵制。

四、直观教学理论

从方法论的角度分析，情境教学是根据反映论的原理展开的，教学活动利用客观存在的事物影响学生的主观意识，学生意识的变化正是来源于外在的形象意识，反映的是主体对客观存在的认识。教师根据自己的需要创设教学情境，让教学情境促进学生的认知和发展。教师创造的情境搭配教师的语言能够有针对性地影响学生的认知，能够让学生在设置的情境中愉快地参与学习，激发学生学习的主动性、积极性。知识的学习是从外在的感官开始的，通过外在的感官形象让学生认识抽象的知识，能够把抽象的知识变得更形象、更具体，能够让学生形成感性认识。

情境教学法可以让学生在真实的情境中学习，能够传递给学生一个具体的形象，能够让学生理解形象背后的抽象含义。除此之外，还能够让学生的学习情绪有所提高，激发学生学习的主动性、积极性，让学习变成自觉的过程。情境教学的本质是要带动学生的情感变化，进而让学生的认知活动向着更好的方向进行。情境教学方法和演示教学方法的区别是演示教学只是给学生看一个具体的实物，教师也只是对物体进行简单的介绍，虽然能够让学生有一个直观的认知，但是作用也仅限于此，并不能调动学生的情绪，无法在情感方面促进学生学习效果的提升。

五、复杂适应系统理论

复杂适应系统理论认为，适应性从本质上来说就是个体要主动地去感受和适应周围环境，让自身的动态发生变化以便更好地融入环境。这既是人与环境之间的互动，也是发生改变的人与人之间产生的互动。他们在不断交流和沟通时可以进行“学习”和“经验的积累”，并在长期的学习中依据经验对自身的认知结构进行不断的完善和改变。稳定与不稳定、合作与竞争才是复杂适应系统理论的逻辑所在，而没有情节的场景模拟教学就是以此为基础进行的。

六、有意识与无意识心理理论

意识心理指的是主体对客体产生的所有意识方面的心理活动的总和，例如有意知觉，有意注意，有意回忆，有意记忆，有意再认、再造的和创造的有意表象，有意想象、逻辑、言语、思维，有意体验等。但是，需要注意的是，意识心理活动并不能够完成独立的认识行为，也不能独立地适应自然、改造自然，使用情境教学方式主要还是为了引发学生的无意识心理。

指的是人们没有意识到的心理活动的总和。主体会对客体产生不由自主的认识，并且会把认识和自己的内部体验相统一。无意识心理是人的大脑所具备的一种非常重要的反应形式，如无意感知、无意再认、无意识记、无意注意、无意表象、无意想象、非言语思维、无意体验等都属于无意识心理。无意识心理活动的功能主要体现在以下两个方面：

一是主体对客体进行的不知不觉的认知。举例来说，当我们一边走路一边谈话的时候，我们的大脑并不会集中于路边的风景，也不会特别关注道路上的其他事物。也就是说，大脑并不会对周围环境产生有意识的反应，但是我们在走路时却不会被路上的事物突然绊倒，这是因为路上的事物其实引发了我们大脑的反应，并且让身体产生了不自觉的避让，这是身体不知不觉中自主地发生了这种反应。

二是主体对客体进行的不知不觉的内部体验。情绪是会传染的，这是人的无意识心理在发生作用。举个例子来说，我们会突然就变得开心，也会突然就陷入忧郁的情绪，这是因为我们的心境发生了作用，心境代表的是我们的情绪，它能够让我们的活动和日常体验都带有浓郁的情绪色彩。

无意识心理具备的这两个功能对人的认知过程有非常直接的影响，其影响体现在：一是人们想要认识客观世界，离不开无意识心理的支持；二是无意识心理能够让人更好地学习、更好地工作。从这两个角度来看，无意识心理活动对于人的认知有着不可替代的作用，在教学中使用情境教学也是为了尽可能多地发挥无意识心理的功能作用，让学生在不知不觉中潜移默化地实现智力和非智力的统一。

七、智力与非智力因素统一理论

教学是非常典型的认知活动，既涉及智力因素也涉及非智力因素。教学情境中涉及教师和学生之间的交往和互动，教师和学生的信息交流主要涉及两方面：一是知识信息交流回路。这里的信息指的是教学的具体内容信息，通过教学这种形式在教师和学生之间传递。二是情感信息交流回路。这里的信息指的是教师和学生的情绪交流变化，学生和教师的言语、面部动作等都会影响教学的质量。两个交流回路之间是互相依存、互相影响的，无论哪一条回路发生了阻塞，都会让教学效果有所减弱。因此，教学必须保证两种交流回路的通畅，只有这样，才能获得理想的教学效果。

情境教学需要遵照“着眼发展”的基本观点，从整体的角度确认教学目标，然后选择适合教学任务完成的方法，还要考虑教师的个人特点、班级的整体情况来创设情境。

八、情知对称理论

中国古代的教育家早已开始关注教学中情知对称的问题，如《论语》中提出“兴于诗，立于礼，成于乐”的命题，指出教师可以借助诗、礼、乐等形式来激发学生的艺术情感，提高学生学习知识的积极性和兴趣。在教学中，情感起着调节、感染、暗示、迁移和组织的功能。教学情感是学生认识活动深入、持久进行的基本条件，是维系学生内在心理平衡和人格完善的重要因素。情绪不能自发地产生，主体必须进入相应的情境中去，在外界信息和内部结构的实际操作中才能得到对环境的合理解释，情绪和生理唤醒才能产生。由字、词、句、段、篇这些语言意义衍化出来的语象、语流、语境、语体、语篇等一一对应地完成了它们的“情知对称”。它们的联结中介就是语言。

人的大脑、左右两个部分分工不同，但是也存在合作，人的左脑主要负责分析和逻辑思维有关的理性方面的内容，如言语；人的右脑主要负责和情感方面相关的感觉想象以及创造的活动。在情境教学方法下，学生的左脑和右脑会处于兴奋状态，这有利于大脑潜力的激发，这一原理是情知对称理论发展的生理学基础。

因此，教师应该注意情知对称，要注意教学中情感因素和智力因素的统一。教学既要遵照整体的教学要求，还要考虑到学生的实际需要。在此基础上创设教学情境，让学生的学习始终伴随着情感认知，让情感和认知能够相互渗透，让智力因素和非智力因素能够互补，相互辅助地发展。这充分体现了教学的理性和非理性的结合，也充分地展示了教与学的双向过程。

九、学习迁移理论

学习不仅仅是记住知识、掌握经验，还要在日常的生活中运用知识、运用经验，而且还要做到知识和经验的活学活用，只有这样才能解决生活中出现的各种难题。这就需要学生进行知识迁移，通常迁移指的是学生学习前后的互相影响。首先，学生之前的学习会影响到其后续的学习；其次，后续的学习也会对之前的学习产生一定的作用。总的来说，就是不同的学习之间会相互影响。除此之外，将知识应用在问题解决的过程中也属于迁移的范围。

教学过程既应该让学生认识到事物的相同点，也应该让学生意识到事物的个性特点；既应该让学生展开联想揭示不同事物存在的共同特点，也应该让学生认识到某一事物的个性特点，只有这样才能在类比的时候有真实的依据。人类有迁移的能力，可以将在一种情境中学习到的活动方法迁移到另一种活动中，所以教师一定要充分利用情境教学方法，创设出和学习相关的情境。与此同时，还要引导学生形成情境迁移的能力，以此来提高学生的学习效果。

十、建构主义理论

建构主义理论指出，学习的本质是学生运用自主思维建构知识的过程，是学生自身知识、自身经验、自身技能和外界进行交流互动的过程，学生通过这样的过程获取新知识。这种理论主张学生的学习需要外来信息资源的支持，教师应该帮助学生扩充学习信息，以此来激发学生的认知和思维，让学生能够以一种积极的情绪参与课堂学习，发挥出学生学习的主观能动性。

教学的主体应该是学生，而不是教师，教师是学生学习的指导者。建构主义学习理论认为，应该最大限度地激发学生的学习主体性。与此同时，要注意发挥教师的指导作用。教师不应该直接将知识灌输给学生，而是应该引导和帮助学生认识到知识之间的联系，帮助学生建构自己的知识体系。

建构主义理论还指出，学习是学生和社会进行的主动互动，具有一定的情境性，强调知识的学习必须联系情境，学习也必须要和社会实践联系起来。学生只有在具体的情境中感知到知识才能真正地掌握知识，知识的存在离不开情境的支持，脱离了情境和实践活动的知识并不能被学生真正地理解。

建构主义理论认为，学习情境是四大要素中最重要的要素，学习一定要和情境联系在一起，只有这样，学生才能获得高级的知识。但是，需要注意的是，知识的建构并不是从零开始的，需要有一定的知识基础、知识经验，在此基础上才能理解和感知世界。

第三节 情境教学的模式及应用

一、情境教学模式的界定

人们的生活随着不断发展的科技而产生了巨大的改变，包括思想政治教学在内的整个教育行业的变化更是日新月异。“讲座”这种常用的思想政治教学方式已经与学生需求相距甚远，创新教学方法是大势所趋。而情境教学就是基于现代技术创新而来的教学方法。

从情境认知理论中可以发现，有意义的学习会出现在自然和社会运用知识的过程中，学习者在情境中可以不断变化行动和思维，这样才能真正且完整地获得知识，同时发挥其作用。该理论为情境教学法提供了前提。情境教学应用广泛、实用性强，可以模拟事件产生和发展的经过，让受教育者在真实的环境中进行学习。学生通过这种训练可以充分发挥潜能，不断完善价值观念，也能对时间进行更好的管理，还能够促进学生之间的交流。学生通过模拟情境找到问题所在，并经过讨论及时解决问题。这不仅可以让学生得到实际的锻炼，还能够提升学生的领导能力。

二、情境教学模式的特点

（一）以情境为依托

学习这个概念非常的复杂，生理、心理、社会、物理以及其他认知因素都被它包含在内。社会中无论何种行为都会触发学习，而人们对行为的调节并不以内心为准，只有人接触情境，在与情境的互动中，人才能对行为进行选择。因此，只有在相应的情境中进行学习，才是真正有意义的学习。在现代的教学中，大部分都运用了情境教学的模式。情境教学法对思想政治教学的开展具有重大意义，可有效提高思想政治课堂的质量，便于学生学习。

1. 仿真性

情境教学最突出的特征就是仿真性。“仿”指的是模拟和模仿，而“真”指的是日常生活。换言之，学生在情境教学模式中进行的一切活动虽然不是真实的现实生活，但却是与现实生活有着紧密联系的。将社会现实经过变换之后就可以构建“模拟场景”。学生可以通过模拟活动感受到“现实生活”，并从自己已有的经验中感受模拟场景中的人物和事物，找到解决问题的方法。

2. 非平衡无序性

知识的建构需要个体在动态中进行，也需要个体联系情境，但最重要的是个体要和情境相互作用、影响和制约。人类的所有行为都需要个体与个体、个体与情境之间产生交互来进行协调，只有这样才能形成新的认知和体验，才能以新的知识和能力去改变和创造环境。这也体现了情境教学的非平衡无序性的特点。学生在体验情境教学的过程中需要有自己的想法，进而独立地做出判断，通过自身的思考去收获各方面的知识。

3. 体验性

情境模拟只是简单的模拟，无法真实地表现出实体。学生看到的形象与实体只是基本类似，但也能产生一定的真实感。虚拟形象在相关场景的配合下，可以让学生对练习充满激情，其与教师生动的语言的结合也能让教材充满情感。在情境教学模式中，教学情境要经过创设才能形成。具体来说，情境的显示要通过生活，渲染要通过音乐，描绘要通过语言，演示要通过实物，扮演要通过角色。将学生带入规定的情境中，可以给他们的内心带来相应的感受，让他们不惧困难，为自己制订目标，积极地投入练习中去，使知、意、情、行相互融合，从而变成了整体。

4. 迁移性

知识就其特质而论，并非仅仅是抽象、静态的东西，而更是一种基于社会情境，鲜活而充满动感的事实。情境教学作为一种重要的教学模式，是为了让学生能够更加有效地学习知识，所以知识的动态性也使得情境教学模式具有迁移性的特点。情境学习不同于其他大多数课堂学习活动，情境学习的研究一般是对学什么和如何学、如何用的分离提出挑战。当学生在情境中模拟实践时，会运用自身社会实践积累的经验去学习，并将其运用到现实生活中，进而提高学生的认知水平。

（二）以学生为主体

相比于传统的思想政治教学模式，以学生为中心的教学理念在情境教学模式中更为突出。在情境教学的课堂教学中，学生才是主体，而教师的角色则由控制者变为引导者。无论是教学方案的设计、实施还是反馈，都要时刻体现出以学生为中心。只有在整个教学过程中始终坚持以学生为主体，才能增强学生学习的能动性，使学生变得更加自觉主动，并且对知识充满了好奇和探索的精神，提高学习的积极性。这时学生就会改变学习态度，由之前的抗拒学习变为主动学习。教师可以在学生的这种状态中完成高质量的教学，达到既定的教学目标。

（三）直观性、互动性与趣味性

情境教学所创设的情境很多都是与学生日常生活有着密切的关联的，有的情境能够体现出学生的爱好和特长，有的情境能够表现出学生的各种情绪，学生只有真正地融入这些情境中去，才能对思想政治学习充满积极性，才能认真地学习。这种教学方式更加直观，也充满了趣味，有利于增强学生的感知觉。而学生时期的认知结构就是从感知觉开始的，且它的地位也是最高的。教师在传统的思想政治教学中只是让学生被动地接受知识，而在情境教学中却能够让学生化被动为主动，积极地投入教学活动中去，让学生更快地唤醒大脑。

三、情境教学模式的实施原则

（一）主体性与互动性相结合

以学生为中心是素质教育提倡的全新教育理念，因材施教就是在这种理念下诞生的。新课改的推行削弱了传统应试教育以教师为课堂主体的理念，同时强调了教学要以学生为主体。为了让学生得到更好的发展，教师要更加努力地为学生创造良好的学习氛围，让学生不断提高自身知识储备量、增长技能。每个学生都有不同的家庭背景和生活环境，成长经历也是不同的，所以学生会有不同的爱好和性格，而且对知识的接受能力也各有不同，教师应针对这一现象因材施教。

（二）基础性与职业性相结合

将思想政治教学放在情境教学模式下，既能够让教师不断累积教学经验，也能够让教师的综合能力得到提高。

在情境教学模式下，教师要做到一课一总结。在课堂教学中总会有很多意外出现，教师在面对这些意外时应该及时地总结经验，让自己对课堂有更好的把控力。同时，要将自己具备的专业技能充分发挥在课堂上，对学生的学习进行精准的把控，用自身丰富的经验对学生进行指导。教师还要善于总结和反思，及时地发现和解决问题。

如果教师无法完全把控整个课堂，就容易让师生之间出现矛盾。这时，教师可以对心理学和教育学等方面的知识进行学习，对学生心理有充分的了解后，就不会在遇到突发状况时束手无策，而是可以利用知识经验来应对。这样才能让教师没有畏惧，积极地投身于高中思想政治教学事业中去。

四、情境教学模式的应用实践

（一）情境教学模式的操作流程

1. 课前准备阶段

（1）了解学生情况。学生群体有着非常丰富的情感和活跃的思维，学生也有着完整和丰富的生活。教师在进行思想政治教学之前，要先对学生具备的基础知识有所了解。教师不仅可以从课堂和作业中对学生生活有所体验，还可以从学生的做事习惯、思维方式、兴趣爱好、家庭情况和心理状态等方面进行了解。一方面，教师可以从学生的学习方法、习惯和兴趣入手，对其学习状态有进一步体验，这有利于提升学生的学习效率；另一方面，教师还要对学生的家庭情况、课外生活以及同伴往来有相应的了解，看到学生的真正个性，对学生在成长过程中遇到的忧伤与快乐将心比心地进行感受，帮助学生发展健全的人格。

（2）选择教学内容。思想政治教学就是教师通过向学生展示相关思想政治知识，并由学生不断地吸收的过程。价值观念的学习是思想政治教学的前提，因而教师要科学谨慎地选择教学内容，从学生的实际情况出发对教学内容进行调整。教师在展示相关概念时，要让学生体会到其中的变化，并对学生提出严格的要求，这样才能让学生充分地理解和掌握。

（3）设计教学情境。在教学设计的过程中是少不了创设情境的，用情境化设计代替以往的传统教学设计，根据目标将学习内容创设为真实的学习情境，让学生在实践活动中解答不同的问题，从而收获知识和方法，让学生在情境中提起对思想政治学习的兴趣，增加学习的积极性。

2. 课堂实施阶段

（1）角色划分。在情境模拟的学习方式下，学生的学习主要是通过角色扮演进行的。因此，教师要提前制定和分配好编导的任务。无论是情境模拟还是角色扮演都需要学生来完成，而教师要做的就是在和学生沟通之后按照他们的性格及具备的知识、能力来分配不同的角色。教学的重点就是整个教学过程，教学角色的分配要按照学生的实际情况进行。

（2）情境分析。在教学环境中，教学情境是比较独特的。它带有教师的某种目的，对教学效果的提高需要利用“情商”实现，只有这样才能让学生的心理得到良好的发展。在进行情境分析时依靠的是主体对其外部因素的研究与识别，预测出外部因素可能出现的各种可能。教师在划分完角色之后要协助学生进一步分析教学情境，这样才能让学生积极地投入学习中去。

（3）角色扮演。在教学目标制定完成之后，教师要创建相关的题材和情境，让学生通过角色扮演来模仿某些行为，感受角色的行为方式和情感，将自己或角色遇到的在交往、情感和内心等方面的问题呈现出来，然后通过课程进行解决，并学习新的知识。学生通过角色扮演能够进一步了解问题，从新的角度感受角色，做到共情。学生在角色扮演的过程中要严格按照角色分工实行，在思考问题时也要以自身角色的实际情况为准，而教师要做的就是在这期间观察、分析、指导学生的各种表现。

（4）教师总结。教师总结是情境模拟教学的最后一个环节，在这一环节，教师需要根据学生学习的过程，以及在此过程中各方面的表现，对学生有一定的了解。同时，教师也需要对学生的优缺点进行评价，对表现优秀的学生给予表扬，对存在不足的学生进行鼓励，并提出一定改进的建议，给学生以全面的反馈。与此同时，学生也需要开展自我评价，要对自身学习情况有一定的了解。

（二）情境教学模式的应用建议

1. 教师的引导

学生是课堂的主体，教师是引导者，轻松愉快的教学氛围是一堂课成功的关键，掌握这个关键的人是教师。兴趣是学生最好的教师，兴趣是否能被激发，就看教师是否引导得当，教师有效的引导加上营造愉快的教学氛围，将会使教学变得更加轻松，也能激发学生的主观能动性，从而实现你要学向我要学的转变。在当今这个信息化时代，传统的教学模式已经不适应现代教育的步伐，教师是授业者，同时也应该是改革创新者。时代在进步，教学模式更要进步。情境教学的模式是对传统教学的一种创新和补充。教学情境是综合的，它集合了行为、认知和情感等环境因素。一个好的教学情境不仅内容极其丰富，还可以培养学生的综合素质，促进学生的全面发展。无论是情境教学模式，还是其他教学模式，都离不开教师的引导。教师将学生放在合适的情境中展开科学的引导，既能够唤起学生对学习的热情，帮助其发展自我情感认知，还可以为其提供源源不断的学习动力，提高学生的主观能动性，让学生提高认知，同时发挥出调节、控制、引导和支持教学过程的作用。

“满堂灌”“一言堂”是传统理论常用的教学模式，但在情境教学模式中是不宜出现的。教师要尊重学生的差异，满足他们的不同个性需求。在联想基点的设计过程中，能否帮助学生更好地掌握理论知识是教师首先要考虑的。每个学生都是独立的个体，思维意识也是不同的，所以会对理论知识有不同的理解。教师要根据学生的特点，充分考虑到差异性，既要在课堂中使用情境教学法，也要穿插其他的教学法，让学生在多种教学方式下尽量减少对理论认知的偏差，让学生的需求得到尽可能的满足。教师也可以根据学生的反馈，及时地分析和总结学生在教学过程中遇到的问题，了解学生对学科的认知，从而及时地调整教学内容和进度等。

同时，教学依赖于学生所联想的情境。教师也可以利用微情境中单独的知识点进行课堂教学，对某些原理通过角色扮演的方式来进行阐释，让学生可以更加全面、深入地了解某个问题。但是，微情境也有不足之处，就是无法让更多的学生参与进来，因而就需要教师的及时指导和点评，让没有参与进来的学生也可以充分感受到。教师还可以将微情境与课堂讨论和提问相结合，以提高课堂效率，让学生自主地分析和解决问题，让教师更好地起到引导的作用。

2. 兴趣的激发

教学需要很强的实践性，教师在教学时需要掌握好实践与理论之间的平衡，尤其是在情境教学模式中。尽管情境教学模式是近些年才出现的，但它已经有了大范围的应用，不过这并不代表传统的“言传身教”方式就要被应用情境教学模式完全替代。教师在传授理论知识时要掌握好传统与新兴之间的平衡。在教学中，情境教学模式只是辅助手段。教师只有掌握好教学与情境教学模式的平衡，才能让情境教学模式最大限度地发挥出作用。

学习并不容易，这不仅需要足够的耐力，还需要持之以恒的毅力，而兴趣才是最好的老师。只有让学生对学习充满兴趣，才能增加学生学习的动力，对学习充满积极性，让学生坚持不懈。教师要充分发挥出情境教学的作用，让学生进一步理解和感受，让创设的情境尽可能地贴近学生生活、符合学生的兴趣，通过不同的教学手段激发出学生对学习的主动性和积极性，提高学生对学习的主观能动性。

3. 注重连续性

学习技能是一个需要长期坚持的事情。学生的学习情况、教学的内容和目标等方面都是教师在教学时要充分考虑的。除此之外，教师还要不断完善和调整情境模拟，让情境教学模式不中断，保证连续性。换言之，就是要保证情境教学能够从课前延续到课后，让学生可以将理论知识和技能结合起来，进行完整、科学的学习，从而逐渐地积累丰富的经验。

4. 创新的技术

时代发展是需要不断创新的，对新时期的教育来说也是一样的。创新就是创造出原来没有的东西，或是对以往的东西进行革新。信息时代瞬息万变，教育也要跟上时代的步伐。在教学中可以将多媒体作为一种工具来协助学生进行更好的学习，打造出更好的教学环境，让学生将感觉上升到联想和情感体验，从而实现教学的目标。

5. 完善的机制

传统教学并不关注课堂教学完成之后的评价和总结。而在素质教育的不断推行下，教学反馈开始得到了重视。科学、合理的评价和总结可以在教学中帮助学生正确地学习，让他们看到自己的不足之处和发展方向。与此同时，学生对学习的积极性也在很大程度上取决于合理、公正的评价和总结。可见，评价和总结对教学效果具有重要的影响与作用。在传统的教学中，教师才是完成评价和总结的主要人物，但教师是否公平、合理、全面地完成了这个过程还是需要商榷的。将一个公正、客观、科学的评价机制应用于未来的情境教学中是非常有必要的，这样才能让人对教学中的质量和效果进行明确的判断。

情境教学这种全新的模式，其课堂教学反馈是很有必要的。课堂教学反馈指的是教与学双方在课堂教学中传递的不同信息。教师和学生在课堂上的交流、学生展现出的肢体动作和面部表情以及学生产生的态度和情绪上的反应都在课堂教学反馈的范围之内，教学反馈可以说是随处可见。它在整个课堂教学中发挥着调节和顺应、减弱和增强以及输出和回授的作用。无论是信息的传递还是回收，在教与学双方中都是存在差异的，并且是可以选择的。教师要根据教学反馈及时地进行调整，多和学生产生互动和交流，激发学生的兴趣，从而促进他们进行主动学习。

第四节 情境教学的现实意义

一、情境教学对教育教学改革的意义

（一）研究学生把握素质教育目标

改革实验要以研究学生为前提，要把握好素质教育的总体目标，所有的改革实验研究都要遵循教育教学的规律，目的是塑造人和教育人。针对某学科或者某个问题进行研究分析时，要从课程的整体结构出发，明确所分析的学科和问题的作用或地位。只有着眼于整体才能拓宽我们的视野，不局限于某个学科或者问题，才能够明确实验研究的目的和方向，才会更有动力进行改革实验，才能发挥出改革实验的作用，实现改革实验的意义。

因此，只有研究好学生才能进行改革实验。时代在发展，社会在进步，学生的学习方式、思维方式、价值观念和行为方式等也在发展和进步。教师要善于发现学生的变化，并且针对学生的变化找出应对方法。如果教师不了解学生，也不研究学生，那么教师就会对学生做出错误的判断，教育就无法做到因材施教，教育目标更是无法实现。情境教学以研究学生和了解学生为前提，从学生的角度出发从事教学活动。教师要以尊重孩子和爱孩子的心态去了解学生和研究学生，调动学生学习的积极性，培养学生的学习兴趣和综合能力，让学生得到全面的发展。

（二）研究教学把握教学过程本质

教学，特别是课堂教育是我国中小学教育的主要活动形式。只有将课堂教学改革做好，素质教育的工作才能有序推进。其实，在教学过程中，教师主要扮演领路人的角色，在教师的引导下，学生自己去学习、领悟和尝试。教学不是让学生完成学习任务就行了，还要培养学生主动学习的意识和习惯；既让学生学习知识，又要让学生的精神得到满足；既要为学生以后的学习做好铺垫、打好基础，又要满足学生当下的幸福感。

情境教学是在传统教学基础上的改革，要将以下两方面的关系处理好：

第一，情感与认知的关系。认知发展和情感发展是同时产生的，所以教学就是将情感与认知相结合、相统一。情境教学将情感与智慧相融合，其中情感是教学中每个环节的纽带，有利于传授知识、开发智力和培养能力，以形象教学为主导，重视学生大脑的开发，带领学生学习知识，开拓学生的眼界。

第二，教师主导与学生主体的关系。教师的主导作用在教学过程中至关重要，但是教师不能代替学生去学习，教师要培养学生主动学习的能力，调动学生学习的积极性和主动性，培养学生学习的兴趣，让学生能够积极主动地学习，而不是让老师催着学、赶着学，学生要有主动学习的意愿和能力。情境教学是通过教师设计教学情境引导学生进行学习，要将教师在教学中的主导地位和学生在教学中的主体地位相融合，教师带领学生主动学习，激发学生的学习兴趣。情境教学将认知与情感、教师主导与学生主体这两个关系处理得恰如其分。

（三）研究学习方式把握变革走向

时代迅速发展，技术不断革新，网络已经普及，这些都改变了人们接收信息的方式。因此，教师要紧跟学习方式的变革，研究适合学生发展的学习方式。

情境教学实验研究就是要研究出有利于学生学习和发展的学习方式。在设计的教学情境中，学生能够感受知识的形成过程，调动多种感官进行尝试和感悟，先进行感性层面的学习，然后进行概括和提炼，再达到认知层面的学习。教师还要为学生提供更多的工具，启发学生合理运用这些工具。学生在运用、组合和制作过程中手脑并用，提升了动手能力，有利于大脑的开发；在交流和合作过程中锻炼了交际能力，培养了合作精神。情境教学设计的情境不是孤立存在的，而是紧密联系的，这样能够调动学生学习的积极性，培养学生的学习兴趣。情境教学与人类学习的自然规律相符，有利于学生的身心发展，对未来的教学方式有很大的启示作用。

二、情境教学对教学方法改革的意义

教学方法在教学论体系中至关重要。教学是教师将知识和技能传授给学生的过程，所以与知识和技能相关的教学方法在教学方法分类中具有举足轻重的地位。

情意态度的教学目标越来越明确，但是教学方式的具体内容并没有与情绪—价值态度的内容相匹配，主要通过教师的个人品格、教学活动或者师生关系进行情绪—价值态度教育。与教学内容相融合的情意态度类型比与教学内容相脱离的情意态度类型更丰富，比通过教师的个人品格、教学活动或者师生关系进行情绪—价值态度教育的操作难度要大。但是，情境教育有利于相关问题的解决。

（一）教师与学生的情感共鸣

社会学习论表示，人是通过观察别人的行为方式或者观察别人的行为后果学习更多的行为，也能够利用替代学习培养情绪。人类观察别人的情绪，得知这个人是高兴还是悲伤、是愉快还是痛苦，这样可以学习情绪反应。社会学习论表示模仿对象能够传递特定的行为和情绪反应。

在教学过程中，教师传递的不是他对事物的个人感受，而应该是符合社会价值观的社会性情感，如责任感、正义感和爱国之情等。因此，教师要明确知道教学过程中的情感性质，从而调动自己的情感，保证自己的情感与教学内容的情感产生共鸣。

只有感动自己才能进行情感的传递，感动自己是情感传递的必要但不充分条件。通过情感表达能够实现情感的传递，对某一事物表达自己是喜欢还是厌恶，对某一观点是赞同还是否定，教师要利用自己的语言和动作向学生表达自己的态度。在情感教育中，教师通过上述的示范作用鼓励学生去表达自己的情感。

（二）新情感与既有情感结合

实现人情感的社会化是情感教育的最终目的，也就是说，受教育者形成的情感要与社会情感相符，消除与社会情感不相符的情感。通常情况下，教师要根据社会提倡的情感对教学内容中的情意态度进行设计，对于学生来说，这是新的情感内容。新的情感要通过教学实践进行培养，同时还要依赖于学生旧的情感。学生在入学阶段已经具有一定的低级情感体验，低级情感体验有利于高级情感体验的形成。教师可以引导学生进行情感会议，通过情感记忆形成新的情感。因此，教师是学生由既有情感到形成新情感之间的纽带。

（三）运用影响学生情意态度的手段

人类有很多种方式和方法产生情感，同理，教师有很多种方法和手段影响学生的情意态度。情境教学包括很多情境设计，如生活展现情境、图画再现情境、音乐渲染情境和事物演示情境等。这些情境有利于人们情感的培养，这几种情境不是单独存在的，情境之间可以相互结合，而且结合后的效果更明显。例如，实物演示情境和生活展现情境，知觉、感觉和表象容易引起情感，但是第二信号系统直接引起情感是不容易的。因此，教师要帮助学生产生清晰的形象性的表象和知觉，这样学生就能够产生比较饱满的情感，还可以利用艺术培养学生的情感。艺术是借助一些手段或媒介，塑造形象、营造氛围，来反映现实、寄托情感，所以艺术比一般的实物和真实情境更能感染学生。情境教育将课堂与艺术相结合，利用歌曲、照片、视频等营造氛围，艺术形式可以单独使用，也可以几种艺术形式相结合，能够明显地提高教学质量。如今，多媒体技术日益丰富和普及，情境教学借助多媒体技术会更加成熟和完善。

三、情境教学对教育实验研究方法的意义

近些年来，我国教育研究者将更多的目光投向了教育实验的科学化问题。情境教学的特点和优势突出，教师可以从情境教学研究过程中学到新的知识。

（1）情境教学研究显示作为一个教育实验不断提高科学化水平的三个发展阶段。

第一阶段，以教育的事实和现象为基础，提出问题并进行研究，还要收集相关的材料。情境教学实验开始主要应用在语文教学改革中，解决语文教学中的问题，在实践中总结，在总结中改正。语文情境教学形成的过程是一个感性的过程。第一步是传授理论知识，总结内在规律，收集经验材料；第二步是根据哲学、意境学、美学和语言学针对问题进行讨论，利用众多理论解决相关问题，深刻地认识规律。

第二阶段，深入研究情境教学与学生语言学习、逻辑思维、创新思维、形

象思维的关系；深入研究情境教学在认字、阅读训练和作文练习等教学中的方法、原则和策略方面的问题。研究者凭借理性的思考实现从模糊到透彻、从部分到整体、从感性到理性的升华，建立与学生认识规律和自身特点相符合的情境教学理论体系。

第三阶段，实验研究成果的升华与推广。情境教学是由某一学科的应用到多个学科的应用，从某一所学校普及到很多学校，由情境教学延展到情境教育，情境教学实验与心理实验和自然科学实验的区别就在于这三个发展阶段。

（2）情境教学实验具备较好的实验特点。情境教学实验有较为明确的研究目标，提出明确的研究假设，实验处理过程清晰，建立了情境教学理论体系。情境教学实验按照理论进行实验，在实践中不断总结，在总结中不断改正，之后再实践，将理性思考与实验研究相结合，进行归纳总结，杜绝盲目从众。

第二章

高中思想政治教学相关理论

第一节　高中思想政治教学论

一、教学论与思想政治教学论

教学论是人们对整个教学的科学性和艺术性的认识，它把整个教学作为研究对象。而从学科的角度来说，每一学科都有自己独特的教学对象，因而研究某一学科的教学理论科学又称为学科教学论。

思想政治学科是一门独立的学科，属于德育学科。广大中学政治教师和政治课的教学研究人员在教学实践和教学科研工作中积累了丰富的教学经验，取得了一定的科研成果，为政治课教学法的研究奠定了基础。根据中学教学需要和高等师范院校思想政治教学系培养中学政治教师的教学需要，从20世纪50年代后期开始，我国先后在一些高等师范院校思想政治教育系里开设了“中学政治课教学法”课程。

1978年以后，思想政治课走上健康发展的轨道，课程设置、教材、教学参考资料、教学研究进一步得到发展。在这种情况下，研究思想政治课教学法的著作才相继公开出版。这个时期，这门课程大多被称为“思想政治课教学法”或“思想政治课教材教学法”。研究内容较少，只是研究教学内容、教学方法、教学原则、教学规律和教学形式等，远远满足不了思想政治课教学的要求。随着本学科的研究逐步发展，研究对象扩大到普通中学和中专技校的思想政治课教学问题，研究内容不断丰富，开始有了较大扩展，不仅包括思想政治课教材和教学方法，而且包括课程的性质、学生的地位和任务、教学方针与教学原则、教学过程的本质和作用、教学测评、学生学习理论和方法指导、教师素质等诸多方面。因此，从20世纪90年代中期开始，本课程的名称更改为“思想政治学科教学论”，形成了比较完整的学科教学论的体系。目前，这一学科体系依然处于不断的发展中。

自21世纪初以来，课程与教学论研究有了很大的进展，同时新一轮基础教育课程改革启动，并在实践中不断发展。这些对本课程的进一步发展产生了重大影响。目前，有的学校将这一课程改称为“思想政治学科课程与教学论”，研究对象既包括课程，也包括教学，使研究内容有了进一步扩展。

构建一门学科的科学体系，首先应认识它的逻辑起点。所谓逻辑起点，就是一门学科理论开端的那个范畴。这一范畴是从众多材料中抽象出来的最普遍的概念，是贯穿整个理论体系的本质内容和灵魂，是理论研究的起始问题与核心问题。思想政治学科教学论的逻辑起点要根据研究思想政治学科教学论的根本目的来确定。思想政治学科教学论是研究这一学科教学的，其根本目的是教会学生如何学习，教师的教是为了学生的学，因而学习是这一学科的开端范畴，也是整个逻辑体系中最基本的要素，是教学活动和教学研究中要解决的最根本的矛盾和要完成的根本任务。学习是人类教育史的起点，贯穿整个教学过程。思想政治学科教学论中制定的教学目标、教学原则、教学艺术、教学模式、教学策略等都是围绕学习这个根本展开和发展的。

二、思想政治教学论的学科本质

从目前思想政治学科教学论的学科定位和内容来看，这一学科既具有理论科学的性质，又具有应用和研究科学的性质，属于理论科学与应用理论科学的边缘交叉学科。

第一，理论性。思想政治学科教学论反映了思想政治学科教学的客观规律，用思辨的逻辑方法把教学的范畴和命题，如教学原则、教学目标、教学组织、教学方法、教学规律、教学模式、教学评价等描述出来，构成了本学科的教学知识体系，论证了教育学中的有规律性的课题，并从哲学认识理论上解答了教学中的一些问题，能够对思想政治课教学进行理论指导，从而确立了本学科的理论地位。

第二，应用性。思想政治学科教学论是一门实践性很强的应用学科。思想政治学科教学论的理论来源于教学实践，是广大从事思想政治学科教学和研究人员的劳动结晶，是在教育理论、教学论理论和教学实践相结合的基础上形成和发展起来的。它成为独立的理论学科后，又能为指导思想政治学科教学实践服务，能为教学提供理论、方法、技能和技巧，能为提高教学质量、推动教学科研服务。思想政治学科教学论为教学实践传授了实用性知识，回答了教学中“怎样教”和“怎样学”的重要问题，富有可操作性，对提高教学效果起到应有的作用。因此，思想政治学科教学论有很强的应用性，属于应用性理论学科。

第三，综合性。思想政治学科教学论属于综合性边缘学科。思想政治学科教学论的基础学科是马克思主义教育哲学、教育科学、美学、心理学等，而其教学目标和教学内容的知识范围还涉及哲学、经济学、法学、政治学、历史学、伦理学等方面。因此，思想政治学科教学论是一门综合性很强的交叉边缘学科。这门课程跨越许多学科，而且还能填补学科边界的空白。在诸多学科中，与其联系最为密切的有三个：①马克思主义哲学，教学本身是充满辩证法的；②教育学，提供大的指导原则、方法；③心理学，为了解学生的心理特征奠定基础。

第四，方法性。思想政治学科教学论是一门方法性学科。思想政治学科教学论具有工具性和手段性。它不但为教学工作提供理论、原则、方针、策略等，还为教学提供认识方法和教学方法、教学手段。首先，思想政治学科教学论为研究思想政治学科教学问题提供了科学的方法论，即用哲学的认识方法认识一些教学问题，如在教学中强调发展学生的主体性，就是调动、发挥学习者内因的作用；其次，思想政治学科教学论为思想政治学科教学提供一些基本的教学方法、步骤和教学模式，如讲课、命题、评课等方法，都有工具作用。

三、思想政治教学论的研究任务

思想政治学科主要是指高中思想政治课，是指政治教师以“思想品德”和“思想政治”的教材为依托，对高中学生传授德育知识、培养学生良好的道德品质，并在此基础上帮助学生形成正确的世界观、人生观和道德观，全面提高学生的思想觉悟。因此，思想政治学科教学论是研究在思想政治学科教学中出现的问题，并从中把握其规律和特征的一门学科。具体来说，思想政治课程与教学论有以下研究任务：

第一，揭示思想政治课教学规律。认识教学这一活动与现象所具有的客观规律，应该是教学论研究的首要任务。所谓客观规律，简单来说就是关于教学活动所涉及的各个要素的根本属性以及内在要素之间的内在的基本联系和特点。它们具有相对的稳定性，呈现出一定的规律性。教学论的根本任务就是要透过复杂多样的教学现象把握内在的最一般的联系和属性，即教学规律。因此，教学中的研究任务就是揭示教学规律。相应地，思想政治教学论的研究任务，就是研究思想政治教学的基本规律，它重点回答“是什么”的问题，也就是一些基本理论问题。

第二，确立思想政治课的教学价值。教学价值问题就是关于“为什么要教”和“为什么要学”的基本问题。它关系到思想政治课程存在的理由以及意义问题。思想政治课程是德育的根本途径之一，它所具有的育人性质和德育性质决定了它的教学价值涉及“培养什么样的人”的问题。思想政治教学具有传授知识、培养能力和提高觉悟三大价值，而最为重要的，也是最终的落脚点就是提高觉悟。

第三，优化思想政治课教学技艺。教学是学校的中心工作，教学也是教师与学生最为基本的活动。这一活动有什么特点，如何可以教得更好、学得更好，也是教学论研究的内容。教师的教学是日新月异的，教学内容不断发生变化，同样，学生也在不断地成长和发展，这些因素都促使教师必须在教学中追求“如何做得更好”，也就是说教师必须要不断提高教育教学水平。教学不仅是一门科学，还是一门艺术。由此可见，教学具有艺术的一些基本特征，如情感性、表演性、感染力等。思想政治教学论也要研究“如何教”和“如何学”等有关技能技巧的问题，教学技艺问题是教学论研究的任务之一。

四、学习思想政治学科教学论的重要性

（一）成为合格的思想政治学科教师的必备条件

教师的知识理论素质构成，既要有专业理论知识，又要有教育理论知识和教育技能，高师院校思想政治教学专业培养的人才，应该有合格的思想政治素质、道德品质、文化科学素质、身体素质，符合多方面的具体要求，其中也包括懂得教学规律的要求。要想成为合格的政治教师，既要有专业理论知识的

储备，也要有教育理论知识和必备的职业技能。尤其要掌握思想政治学科的教学规律，以切合教学工作的需要。因此，思想政治课教师不仅要学习有关的政治理论、教育学、心理学课程，还必须学习思想政治教学理论、掌握教学艺术和教学操作技能。学习思想政治学科教学论，不但能认识到思想政治学科的重要价值，增强职业责任感和事业心，能全面掌握本专业的教学方针、原则、规律、方法、策略、艺术，而且能具备备课、讲课、评课、命题、试卷分析和承担班主任工作的能力，为成长为合格的思想政治教师打下坚实的基础。因此，在思想政治教学专业的基础理论、基本知识和基本技能中，思想政治学科教学论是必不可少的内容。

实践已经一再证明，学好教学论是成为一名合格的思想政治教师的必备条件。对此，实习过的同学都有切身的体会。从就业竞争的角度来看，不掌握教学理论和教学技能，也就无法增强自己的竞争力，从而难以找到理想的工作岗位。

（二）完成思想政治课教学任务，提高教学水平的需要

思想政治课教学实践活动也是一种社会实践活动，具有客观性。因此，高中思想政治课教学活动过程具有自身的、不同于其他教学活动过程的规律。只有弄清并掌握这些特点和规律，自觉按照这些特点、运用这些规律去从事思想政治课教学工作，才能达到预期的教学目标，取得较好的效果，全面实现教学目的。因此，为全面完成思想政治课教学任务，提高教学水平和质量，必须加强对思想政治学科教学论的学习。

（三）适应高中思想政治学科课程与教学改革的需要

当前，高中思想政治学科的课程与教学改革是包括教育体制、教育思想、教育内容、教育方法改革在内的整个教育改革的有机组成部分。对高中思想政治学科的课程设置、教学内容、教学方法进行认真的改革，是为了让这门课能够适应我国现代化建设的需要，适应现代科技和经济政治的巨大发展变化，适应新时期青少年心理发展的具体状况，以及各方面改革的需要。但是，这种改革不是盲目的，应当在揭示思想政治课教学活动的特点和规律的基础上能动地又创造性地进行。由于高中思想政治学科课程与教学改革涉及教育思想、教学方针、课程设置、教学内容、教学形式、教学方法、考试制度、教师培养等方面的一系列问题，因此改革的任务十分艰巨和复杂。在这种情况下，如果不了解思想政治课教学活动的特点和规律，没有掌握正确的教学理论和方法，在改革实践中对各种复杂问题的认识就可能是模糊的，甚至是错误的。

五、思想政治学科教学论的教学形式

第一，理论讲授。教师通过理论讲授向学生介绍这门学科的理论框架，研究对象，研究范围，主要理论观点、概念和问题，教学规律、原则、方法和技能等。

第二，教育观察。思想政治学科教学论这一课程与教学实践结合得非常紧密，教师要组织学生观看优秀思想政治课教学录像、到高中参观一些教学活动，帮助学生把教学理论与实际联系起来。

第三，教育调查研究。让师生调查高中思想政治课教学活动中存在的问题、学生的政治思想动态、思想政治教师的教学经验与教训等，增强对思想政治学科教学的认识。

第四，教学训练。教学训练是为教育实习和将来走上工作岗位打基础、做准备的重要形式。教学训练的内容主要有教材分析、编写教案、试讲、微格教学、说课、评课等。

第五，教育实习。教育实习是综合性教学实践活动，是理论与实践结合的重要环节。

第二节　高中思想政治教学目标

一、思想政治课程教学目标的价值取向

思想政治课程教学目标，体现了这门课程的教育价值，指明了这门课程在教学过程中应该取得的德育效果和学生身心发展的变化等教学结果的预期。因此，实现政治课程教学目标是一定教育价值在教学过程中的具体化，具有明确的价值追求。

无论是教育目的、教育方针，还是课程目标、教育目标，都表现出明显的价值取向，其价值取向是教育以人的发展为出发点和根本归宿。同时，个人的发展又是以社会的总体需要和发展为基础的。人作为社会的动物具有复杂性。人既是感性的动物，又是理性的存在。认识感性与理性交织在一起的事物，也是社会性与自然属性并存的。这一种特性表现在教育上，教学目标具有明确的价值偏好，就是教育要追求个人的完善和社会的进步，两者相辅相成、相互促进。实际上，在思想政治教学的发展过程中，有关教学目标的价值取向一直以来有不同观点，主要是教学目标应该以社会为本还是以个人的发展为本，或是以知识传授为本。

（一）教学目标的“社会本位说”

教学目标的社会本位，就是指教学更多地关注社会发展需要，认为教学是为社会培养合格的人才，学生的学习是为了社会的发展。教学为社会服务是社会本位的价值观念，它容易忽视：学生作为一个独立的生命个体，学生有个人的发展需要和内在需求，学生个体需要也许与社会需要相吻合，也许与社会需要不符合。当然，人是社会性的，人的生存发展依赖于社会整体的发展，因

此，在制定教育目的和教学目标时，不应该忽视它的社会价值，这也是教学应该坚持的基本的社会功能。但是，教学目标不能过分强调社会需要而无视个体生命所具有的独特性。因此，教学目标必须包含“以人为本”的价值取向。

（二）教学目标的“个人本位说”

个人本位的教育价值取向，就是强调教学目标的制定要突出学生的成长和发展，教师应该以学生的发展为本，促进学生的健康成长。我国新课程改革的一个重要的目标就是“课程目标要以学生的发展为本”。也就是说，课程和教学目的是为了学生的发展、学生的未来。社会的发展是建立在个体的发展基础上的，个体发展促进整体的社会发展；如果社会发展了，个体素质却得不到根本的提高和发展，社会的发展也是不可持续的。因此，教学目标的确定必须要突出以学生为本，这是个人本位的价值取向。

纵观人类的教育发展史，人类的教育价值取向偏好具有时代的特点。在我国，教学目标的发展经历了从“社会本位”到“知识本位”，再到“以人为本”的发展轨迹。从20世纪50年代初期到改革开放之前，我国的教学目标突出“社会本位”的价值取向。改革开放后，人们开始追求“知识本位”的教学目标。21世纪初，我国的基础教育课程改革明确提出了“教育要以学生的发展为本”，要构建“学生生活”为主的课程，教育开始回归“以人为本”的价值追求。

现代教育需要将社会、个体和知识三者有机地结合起来，应培养适应时代需要的人才。教学目标的价值取向应该突出社会、知识和个人共同发展、完善的“三位一体”的特点，在教学目标制定和实施的过程中，力求把三者很好地整合起来。一方面，教学需要促进人的个性的完善和发展；另一方面，教学要培养社会所需要的人才，推动人类知识的发展和促进社会的整体进步。这不仅仅是教育应该有的价值追求，更是教学目标的题中应有之义。

（三）教学目标的“知识本位说”

知识本位的价值取向，就是指教学目标是为了人类知识的传承和发展。课堂教学应该重点关注知识的讲解和传授，对学生的评价也以知识测验为主。应该承认，个人的成长、发展和社会的进步、发展都必须要以知识为载体，通过教育来传承文化和价值。因此，教学目标应该是以知识为基础的，在传授知识的基础上，促进人的发展，从而促进社会进步。

二、思想政治课程教学目标的功能

教学目标是通过某一具体的教学活动所要达到某一具体的、可见的行为结果。也就是说，教学目标就是对教学活动必须达到的标准、要求所做出的规定或者设想。这种规定或者设想使教学目标成为评价教育教学活动的一种标准。具体来说，教学目标具有以下四种功能：

第一，导向功能——对教学活动包括教师的教和学生的学习活动的引导作用。教学目标是对教学活动结果的一种预测和设想，这种预测和设想给教师和学生的教学活动提供了较为明确的指引，引导教师对教学活动进行有目的、具体的调整，如对教学重点、难点的处理以及对时间的分配。同时，教学目标对学生的学习提出了明确的要求，包括知识上、情感上的要求等，使学生对自己的学习进行对照和检查，从而有效地提高教学质量。总之，在整个教学过程中，明确的教学目标对于教学内容的选择与组织、教学方法的选择与运用以及整个教学活动的开展具有引导作用。

第二，激励作用——对教师和学生的激励作用。教学目标使教师明确了教学的基本任务和所要达到的目标，即为什么教和教什么，使教师的教学活动有了明确的方向。同时，教学目标也明确规定了学生学什么以及为什么学，使学生的学习有了目的性。教学目标的激励作用，使教师和学生在目标的激励下对自己的活动能够做出积极而有效的调整，充分发挥教师的主导作用和学生的主体地位。

第三，标准功能——对教学效果和质量的评价作用。教学目标一旦被确定下来，它就成了教学效果和质量的评价标准和依据。虽然教学活动的开始是对教学目标的具体实施和执行，但是教学活动的最终成就的评价需要以教学目标为依据。

第四，聚合功能——对教学活动各要素起着统率作用，发挥教学的整体效能。教学目标对教学活动中的两大要素——教师和学生提出了明确的要求，并在此基础上整合教学的内容、选择教学方法等，使教学中的人与物的要素协同作用，优化教学过程，力求实现教学目标。这是教学目标所起到的一种统率、支配、协调的功能，也是教学目标的聚合功能。

总之，思想政治课程是引导人向善的一门课程，在如何实现人们追求善、践行善方面，思想政治课程教学应该不断改革，顺应人性的发展，因势利导，培养国家和社会的有用之才、有德之才，造福人类。

第三节 高中思想政治教学原则

教学原则也是指导教师选择教和学生怎样学相结合的原理。教学原则具有鲜明的时代性、科学性、继承性和发展性。透彻理解教学原则，熟练运用教学原则，是教师一项主要的素质和基本功。深入钻研教学的原则，有利于教师探索和理解教学规律。理解、熟悉教学原则，是教师提高教学操作技术，保证教学质量，取得教学效果的必要前提。思想政治课的教学原则来源于人们对思想政治教学规律的认识，取决于人们对思想政治课教育规律的主观认识。思想政治课的教学规律是思想政治课教学过程本身固有的、内在的、本质的必然联系，也就是思想政治课教学内容客观存在的基本矛盾关系，包括学生的认识规律和思想品德的形成发展规律、思想政治课教学的规律。

思想政治课教学原则的实施是人们根据思想政治课的教育目标、教学规律及教育实践制定的正确处理思想政治课教学过程中基本矛盾所必须遵循的指导思想、基本准则和基本要求。

一、科学性与思想性统一原则

（一）科学性与思想性统一原则的内涵

在思想政治课教学中，教师既要把系统的科学文化基础知识和基础技能教给学生，又要根据教学内容的内在教育素质，对学生进行合乎情理的、具有启发性的思想政治教育和道德品质教育，这样可以将教学的科学性与思想性统一起来。这里的思想性是思想政治课教学的德育程度要求。具体地说，思想政治课要对高中学生进行系统的马克思主义世界观、人生观、价值观、政治观、道德观教育，帮助学生养成良好的品德、行为、习惯。这里的科学性是思想政治

第三节 高中思想政治教学原则

教学原则也是指导教师怎样教和学生怎样学相结合的原理。教学原则具有鲜明的时间性、科学性、继承性和发展性。透彻理解教学原则，熟练运用教学原则，是教师一项主要的素质和基本功。深入钻研教学的原则，有利于教师探索和理解教学规律。理解、熟悉教学原则，是教师提高教学操作技术、保证教学质量、取得教学效果的必要前提。思想政治课的教学原则来源于人们对思想政治教学规律的认识，取决于人们对思想政治课教育规律的主观认识。思想政治课的教学规律是思想政治课教学过程本身固有的、内在的、本质的必然联系，也就是思想政治课教学内容客观存在的基本矛盾关系，包括学生的认识规律和思想品德的形成发展规律、思想政治课教学的规律。

思想政治课教学原则的实质是人们根据思想政治课的教育目标、教学规律及教育实践制定的正确处理思想政治课教学过程中基本矛盾所必须遵循的指导思想、基本准则和基本要求。

一、科学性与思想性统一原则

（一）科学性与思想性统一原则的内涵

在思想政治课教学中，教师既要把系统的科学文化基础知识和基础技能教给学生，又要根据教学内容的内在教育素质，对学生进行合乎情理的、具有启发性的思想政治教学和道德品质教育。这样可以将教学的科学性与思想性统一起来。这里的思想性是思想政治课教学的德育程度要求。具体地说，思想政治课要对高中学生进行初步的马克思主义世界观、人生观、价值观、政治观、道德观教育，帮助学生养成良好的品德、行为、习惯。这里的科学性是思想政治课德育特性的表现。也就是说，思想政治课中的内容——马克思主义理论本身是科学的，即马克思主义理论具有真理性和指导性。马克思主义理论的真理性表现在马克思主义既是真实的，又是正确的，也是有逻辑性的。马克思主义理论的指导性表现在马克思主义既是有用的，又是有益的，更是有效的。

科学性与思想性统一原则，在此处强调的是，思想政治课教学与学校其他教育教学活动在德育上的差别。学校的一切工作都遵循科学性与思想性统一原则，都将德育放在首位。思想政治课是显性的德育课程，更是学校德育工作的重要途径。但是，非教学的团队等教育方法，是通过举行各种形式的活动来对学生进行德育教育的，这些活动很少涉及德育的理论知识，这里的科学性就是活动的合理性。其他的学科教学则是通过挖掘渗透在教材内容中的思想教育因素，结合知识的教学来进行德育教育的，这里的科学性就是知识性。思想政治课教科书的知识内容，是关于德育的理论知识。它的教学内容与教学目的是完全一致的，即其知识教学与德育同步，亦即其科学性与思想性是一致同步的。因此，思想政治课教学是通过教师将德育的理论知识的科学性传授给学生，使学生在理智与感情上认同德育的内容来实现对学生进行教育的。

在教学中进行思想教育，有赖于教师的思想政治水平、道德修养和自觉性，科学性与思想性的统一，就是科学性与思想性的一致，这是思想政治课程的方向性原则。这个原则给教师指明了课堂教学的方向，包括内容的科学性与方法、手段的科学性。在思想上认识这一原则和在教学工作中贯彻这一原则，对于思想政治课教师的教学工作有很强的实践意义。这就要求思想政治课教师在思想上重视教学原则的指导作用，在理论上弄清教学原则的基本含义和客观依据，在实践中掌握教学原则的操作要求。

（二）贯彻科学性与思想性统一原则的意义

在思想政治课教学中，科学性与思想性之间存在着“密不可分”的关系。它表现在：①思想性以科学性为依据和基础。如果只讲思想性而不讲科学性，则这种思想性是没有根基的。②科学性通过思想性而显示其价值。如果只强调科学性而放弃思想性，则科学性本身也在一定意义上被否定了。因此，在思想政治课教学中需要自觉地体现教学内容的科学性和思想性。

第一，涉及马克思主义理论的威信。思想政治课教学以马克思主义理论的基础知识为内容，学生是通过思想政治课的教学来认识马克思主义理论的。因此，教学中是否体现这一原则，会直接关系到马克思主义理论在学生心目中的威信，关系到他们对马克思主义理论的态度和情感。如果教学中没有将科学性与思想性有机结合起来，而是将二者割裂，在教学中只是强调内容的科学性而忽视其思想性，那么即使教师煞费苦心追求逻辑的推理和严密的分析，学生还是会感到这些基本概念和原理空洞、抽象，远离他们的思想实际，就会由此与马克思主义理论的基础知识产生很深的隔阂，马克思主义理论的威信当然也就无从谈起。教学中，只有把科学性与思想性高度地、有机地统一起来，使学生在学到马克思主义理论基础知识的同时，思想也在不断地受到教育和启迪，切身感受到马克思主义理论实际的指导作用，他们才会对马克思主义理论从信任逐步达到信仰。这种信任和信仰产生的意义可能是非常深远的。

第二，涉及思想政治课自身存在的价值。思想政治课教学以马克思主义理论的基础知识为内容，它要教给学生的不是某一方面的具体知识，而是通过基础概念、原理和观点的教学，培养学生正确的思想、品德、信念，使学生逐步掌握认识问题的科学立场、观点和方法。

（三）科学性与思想性统一原则的要求

贯彻科学性与思想性统一原则，首先需要有一定的外部条件。这里的外部条件主要是指课程设置、课程标准以及教材编写都应该体现科学性与思想性统一的精神。依据这些，教师在教学中贯彻科学性与思想性统一原则就有了一个有利的先决因素。从教学过程的主导方——教师这方面讲，要使教学过程真正体现科学性与思想性二者的统一，教师可以从教材内容的再处理、教学方法的选择、教学手段的运用等多方面去考虑。而最基本的要求，详见以下五个方面：

第一，保证教学的科学性，教师所传授的知识、概念要正确无误。这里所说的正确，是指教学中教师所引用的事实材料和知识材料、所阐述的概念、所论证的原理和观点都应是正确的。教师不能为了开阔思路，丰富自己，把那些似是而非或者尚未肯定的东西教给学生，以使自己能从一个更高的高度上来把握教材。教师应该注意了解理论发展的动向，了解同一理论问题上的不同观点。但是，不能把那些尚在研究中的东西当作定论教给学生。这不仅体现了教学的严肃性，也反映了教师的负责精神。在这个过程中，如果某一环节或者某几个环节出现问题，那么理论的阐发就可能产生歧义，或者是不正确的，或者是不完整的，思想政治课教学的科学性就难以体现了。

第二，充分挖掘教学内容中的思想教育因素，向学生阐明科学的观点，有意识地进行思想教育，充分发挥教材教书育人的作用。哪些教学内容可以对学生进行哪些方面的思想教育，在教学的哪个环节进行，采用什么方法来进行，进行时应该掌握一个什么样的度，这些都是需要教师悉心研究和考虑的。总之，只有正确地认识和切实地把握科学性与思想性的内在关系，在教学中既注意充分阐发内容本身的科学性，又善于充分利用内容所提供的思想教育因素，使二者有机地统一起来，思想政治课教学才能达到它应有的效果。

第三，教师要言传身教。教学的思想性，不仅取决于教师对教材的选择和讲解，很大程度上，教师本人的思想、观点、行为和道德品质也起着重要的作用。教师只有不断提高自身的理论水平和思想修养，才能保证教学的科学性和思想性。

第四，坚持正确的方向。高中学生的认识水平和分辨能力都是有限的，教师要主动、适时、适当地加以引导，帮助他们形成和提高对是非、善恶、美丑的认识。

第五，讲究教学艺术。教师要善于根据高中学生的年龄特征和教学任务的具体特点，自然地将思想性与科学性结合起来，使得学生在不知不觉中受到教育，达到"润物细无声"的效果。许多优秀教师在这方面有着宝贵经验，广大教师应当善于从中学习。

二、理论联系实际原则

理论联系实际原则是思想政治教学的基本原则，在指导思想政治教学的原则中居于主导地位，这已经取得了人们的共识。作为基本原则，理论联系实际原则应该贯穿思想政治课教学的全过程，指导教学过程的各个方面。

（一）理论联系实际原则的内涵

理论联系实际原则，是指教学必须坚持理论联系实际的结合与统一，用理论分析实际，用实际验证理论，使学生从理论和实际的结合中理解和掌握知识，并学会运用知识，从而解决教学中的间接经验与直接经验、学与用的矛盾关系。

笼统地讲，理论联系实际原则是思想政治课教学的基本原则，这一点人们都没有疑义。但是，对理论联系实际原则的具体含义是什么，人们在理解上却存在着差异。这种差异主要集中于“理论”和“实际”两者谁为主、谁为次，谁为目的、谁为手段，以及对掌握理论和联系实际应该达到一个什么程度等问题上。

要正确地理解理论联系实际原则的含义，必须把思想政治课“传授知识、培养能力、提高觉悟”这三大任务作为考虑问题的出发点。据此，可以把理论联系实际原则的基本含义表述为：在思想政治课中，既要联系实际以拿捏理论基础知识，又要运用理论去分析实际，达到观点和材料、感性认识和理论知识、理论和实际、学与用、知与行的辩证统一。

（二）确立理论联系实际原则的主要依据

思想政治课把理论联系实际作为基本教学原则，是由课程的任务决定的。思想政治课教学主要通过课堂教学形式进行，学生主要通过课堂教学来学习理论基础知识。对学生来说，教师在课堂上传授的马克思主义理论的基础知识是一种间接经验，它和学生自己的直接经验有很大的不同。他在学生面前不是主动的、实际的、以具体事实的形态出现的，而首先是以概念和原理的形式出现的。把要学习的新概念、新原理与学生已有的知识和经验联系起来，通过教师理论联系实际的讲解和学生自己的思考练习，使得学生理解和形成概念，接受和掌握所学的原理。

要完成培养学生认知问题的能力和提高思想政治觉悟的任务，更是不可不将理论联系实际。只有通过对客观事物的观察、对不同观点的辨别、对复杂事物的分析以及对错误观点的批驳等多种形式的理论联系实际的练习，以及通过正确行为规范指导下的行为习惯的训练，学生认识问题的能力才能得到锻炼。

由此可见，思想政治课是不是贯彻理论联系实际原则，不仅会像其他学科那样影响学生知与不知，或者对知识会不会用，更重要的是，它直接关系到思想政治课的方向，直接影响着学生的情感、信仰、行为、品德等整个人格的塑造。因此，思想政治课把理论联系实际作为基本教学原则，是这门课内在的客观要求。

（三）贯彻理论联系实际原则的要求

贯彻理论联系实际的原则，一是要求掌握理论；二是要求联系实际。不联系实际，就不可能真正学懂理论；不联系实际，学习理论就失去了根本意义。理论同实际互相联系，互相制约，辩证统一。

1. 正确把握理论联系实际

在不同教学阶段中的理论与实际的统一，应贯穿教学全过程。但是，在不同教学阶段上，二者又各有其特定地位和特殊作用。在实际教学中，必须根据教学的客观进程，具体分析理论同实际的关系，恰当地发挥它们各自的作用，通过实际材料使学生感知教材和理解教材。为此，教师首先要钻研教材，弄通教材内容的特点以及各部分内容之间的内在联系，明确教学的重点、难点之所在。同时，应当了解学生的实际知识水平和生活经历。然后，考虑应该联系哪些实际以及怎样来联系，才能使学生较好地感知和理解教材。这一阶段联系的实际应当具有如下特点：

第一，是学生比较熟悉或易于理解的。这里联系实践本身不是目的，而是为了便于学生感知和理解。因此，所选事实材料和知识材料都应是学生比较熟悉并且相信的，如果不熟悉，也应是一听就能懂的。这样就不必对材料本身进行冗长的介绍，或者对它们的真实性和可信性另做论证了。

第二，生动、具体、形象。材料是用来感知教材、唤起表象的。材料愈具体、形象，就愈有助于学生从具体思维过渡到抽象思维。法制教育内容所选的违法犯罪案例，还应从教育效果着眼，将其中某些情节加以妥善处理。

第三，能准确反映理论的实质。所用材料不论在内容上还是讲述角度上，都应把握准确，使概念或者原理渗透其中。这样，材料叙述后，概念或原理就自然地被抽象出来了。

2. 为学生运用理论指导实践提供广阔空间

为学生的学以致用提供更大的空间，让它延展到学生的家庭乃至社会中去。社会调查、撰写小论文、服务于社会的活动、要求明确的行为训练等，都可以成为运用理论指导实践的形式。把课堂教学和课外活动有机地结合起来，理论联系实际的教学原则就有了充分的体现。对指导学生运用理论指导实践，有以下几点需要注意：

第一，在要求和方法上要适当，不可提过高的要求，不要搞脱离学生实际的做法，要讲求实效。

第二，利用各方力量，协同指导，引导学生运用理论指导实践。思想政治课教师在校内要注意同班主任、团队组织互相配合；在校外，则要努力争取家庭和社会各界的配合和支持。

第三，要同贯彻其他教学原则结合起来。作为思想政治课基本教学原则，理论联系实际的原则集中揭示了这门课教学过程的特殊规律性。因此，它能够指导教学的全过程。但是，教学过程是多侧面的，教学要求也是多侧面的。要具体地切合教学过程的各个特点和要求，就需要在理论联系实际原则的主导作用下，同时考虑其他教学原则的贯彻。

第四，帮助学生总结收获。在实际教学过程中，各条教学原则之间并非各自独立地发生作用，而是彼此联系、相辅相成的。教师从确定教学目的、要求开始，一直到组织材料，选择教学方法，安排课堂教学，指导学生实践，以至最后的考核测评，都是根据课的特点和学生的特点，既考虑不同教学原则的特定作用，又考虑它们彼此间的结合和交叉，全面运用教学原则，发挥原则体系的整体作用。理论联系实际原则只有同其他教学原则结合，其本身才能得到生动活泼、丰富多彩的体现。

三、正面教育原则

（一）正面教育原则的内涵

教育活动首先表现为教育者施向受教育者的一种行为。其中，不仅有知识、技能的传授，还有感情、信念、思想、品质等的培养。培养的方向性，则是由国家制定的培养目标和课程标准决定的。这就是说，教师的“教”是教师按照国家制定的课程标准和所规定的教材内容，有目的、有计划、有准备地进行的，它具有很强、很明确的意向性，或者叫目的性，要使学生思想上认同、行动上接受思想政治课教学的这一意向，需要发挥教学各个要素和环节的功能，包括教学原则的贯彻。正面教育的教学原则，是在思想政治课教学实践中，根据这门课的特点和目的提炼和总结出来的。它是一条富有思想政治课特色的教学原则。

根据正面教育原则在思想政治课教学过程中的适用范围，可以将其概括为：用正确的思想观点对学生实施教育，用正确的思想开导学生，使学生既受教育，又不感到有压力，帮助学生排除各种认识障碍，使之达到情与理、知与信的统一。

（二）强调正面教育原则的主要意义

坚持教学中的正面教育，反映了社会主义教育的本质要求，也是思想政治课实现其德育功能的前提条件。强调正面教育的教学原则，对上好思想政治课有很现实的意义。

第一，有助于提高教师坚持外部灌输的自觉性。如果学生的某一方面的具体知识和技能的学成需要教育，需要通过外部灌输才能实现的话，那么相比之下，培养学生正确的道德观、人生观、政治观和世界观，影响因素要复杂得多，过程要曲折得多，这就更需要强调正确的外部灌输了。离开了外部灌输，这些是绝不可能在受教育者头脑中自发形成的。这里的外部灌输，就是正面教育。强调教学中的正面教育原则，能提高教师对外部灌输重要性的认识，从而认真研究灌输的内容、形式和方法，不断地提高思想政治课教学进行外部灌输的质量。

第二，促使教师更重视研究学生的认识障碍。在思想政治课教学中，首先要有教师的外部灌输，要坚持正面教育。但是，教师的正面教育是不可能简单地、直接地转化为受教育者本人的思想政治观点和道德行为规范的。学生在以往的生活经历和生活环境中，已经接受过各种各样的影响，已有了一定的思想、观点和道德行为习惯。因此，与教育者所施加的外部灌输相对应，他们内心已有一个既成的“内部道德环境”。这个“内部道德环境”一经形成，就具有了相对的独立性。正确的认识，无疑有利于教师的外部灌输，而模糊的、似是而非的以及明显错误的认识，则是接受外部灌输的认识障碍。

四、思想政治课教学的其他原则

除以上所述原则外，思想政治课教学还应该遵循以下原则：

（一）主体性原则

主体性原则反映了素质教育的根本思想，可以做到“以学习为本”“以人为本”。为此，教师应该做到以下几方面：

第一，发挥教师自身的主导作用，使学生能够简便快捷地、有效地学习知识、发展身心。教师是受社会的委托、代表社会利益的教育者，教师受过专门的训练，精通所要传授的专业知识，了解学生的身心发展的规律。学生只有借助于教师的指导，才能够迅速地提高自己的身心发展水平。就连学生的学习主动性、积极性的正确发挥，也有赖于教师的引导。这就是说，学生的主体性地位需要教师的主导作用才能够发挥出来。

第二，正确引导学生的学习积极性。学生的学习积极性越强，他们的求知欲、自信心、刻苦的程度以及创造性也就越强，学习效果也就越来越好。但是，这容易导致焦虑和失望的出现。教师应当适当地引导学生去控制自己的求知欲望，以中等水平为佳。

第三，防止忽视教师主导作用的倾向。

第四，防止忽视学生主体地位的倾向。素质教育的主体是学生，任何从事教育工作的学者和教师，都必须时刻提醒自己要注意这一点。

（二）启发性原则

启发性原则是素质教育课堂教学的精髓，指在教学中要充分调动学生学习的自觉积极性，使得学生能够主动学习，以达到对所学知识的理解和掌握。这一原则是为了将教学活动中教师的主导作用和学生的主体地位统一起来而提出的。启发性原则反映了学生的认识规律性。学生的认识过程是在教师指导下进行的一种特殊的、能动的认识过程。素质教育重在培养学生的能力和思想方式，而不是向他们拼命地讲授和灌输一堆又一堆的“死”知识。因此，教师的启发和指点在学生获取知识的过程中就显得特别重要。

（三）因材施教原则

第一，“知材”，深入了解学生的一般情况与个别特点是进行“因材施教”的基础。

第二，素质教育所要造就的人才是各有所长、各有特点的，没有一个统一的模式。

第三，正确对待尖子生、后进生和有特殊才能的学生。学生的个体能力参差不齐，教师很难照顾到学生的个体差异。在传授知识的时候，教师要从实际出发，既要照顾学生的共性，也要注意学生的个性。在传授知识的时候，教师要面向大多数学生，使大多数学生经过努力都能完成学习任务。

第四，要面向多数，照顾两头，正确对待学生在个性特点和素质方面存在的差异。现代教育是面向班集体进行的。在教学中，教师要根据学生的不同特点，提出不同的要求，采取不同的方法，不能不顾学生的素质差异都采取一种模式。例如，在教学中，对学习基础稍好一点的学生，除了要求完成本课程的学习任务以外，还要求他们阅读一些课外读物，扩大视野，增长知识，提高兴趣。把特别优秀的学生选进竞赛训练队，参加各种比赛。对基础稍差的学生，严格要求，督促他们独立地完成本学科学习任务，并进行经常性的复习和巩固。在课堂上有意识地提出一些简单的问题让他们回答，使他们感到自己能回答老师提出的问题，也能学得会、学得好，增强他们学习的信心。

第五，选择适合学生学的教材。目前市场上针对高中学生编写的教材很多，究竟选择哪一种教材是值得我们探究的问题。教材的选择应根据每个学校的特点或专业特色来选定，同时还应考虑思想政治课课程设置的课时量。

第六，“因材施教”要在提高学生的学习兴趣上下功夫，注重及时肯定学生的点滴进步。对于容易混淆的知识点进行反复说明，采取对比的方法，反复进行讲解，直到准确为止。

第七，要着重培养学生的学习能力。学海无涯，加之学生毕业后即将走上工作岗位，因而在教学中着重培养学生的学习能力至关重要。教学的目的不单单是教会学生某一种具体知识，而是要培养学生一种能力——凭借已有的知识去探求新知识并能运用到实际中。从政治的角度来说，就是要教导和训练学生怎样进行政治思维，指导学生怎样表达，以一种什么样的心理状态去解决所遇到的问题。

第四节　高中思想政治教学方法

教学是一门科学，它必须遵循一定的规律和法则，遵循教学的科学性和规律性，这是“教学有法”。同时，教学又是一门艺术，教师可以采用不同的方式方法开展教学活动，面对不同的学生、不同的教学内容，在不同的时间、地点，可以用不同的教学方法。同样的教学内容也可以采用不同的教学方法，同样的教学方法也可以用于不同的教学内容或者不同的教学对象，这就是“教无定法”——教学没有固定的方法模式。

按照唯物辩证法的要求，研究教学方法还要运用全面的和联系的观点、发展的观点，这样才能克服教学方法方面的牵强附会、孤立片面、静止凝固的偏向，从而把握寓于具体方法之中的规律性，对具体方法运用自如。

一、思想政治教学方法的定义与分类

（一）思想政治教学方法的定义

教学方法是在学生和教师共同作用下实现的。在具体的教学过程中，教学方法只能通过师生双方共同的双边活动得以实现。但是，从教师的角度来说，教学方法首先是教师在上课前的事先准备和做好教学设计，这种设计和准备必须要在具体的课堂教学中才能体现出来。因此，在教学过程中的教学方法一定是在课堂中由师生合作生成的。也就是说，教学方法本身有一个突出的特点，它是动态生成的过程，这一生成的结果可能与教师的原先设计相符合，也有可能不符。

教育学界对教学方法有各种各样的定义，教学方法的定义随着研究者的角度不同、立场不同而呈现出多样性。站在教师的角度来看时，教学方法主要就是教的方法，是教师有目的、有意识地采用的策略和手段；站在学生的角度来看时，教学方法主要表现为学习方法、学习策略和学习手段。教学方法一方面包含了教师的教学设计和设想，另一方面它又是课堂教学过程中师生共同努力生成的、具体的方式方法和步骤。因此，思想政治课程的教学方法就是指由政治教师预先设计和筹划，教师与学生在课堂教学过程中为了完成教学任务、实现教学目标而共同生成的活动、方式和步骤的总和。

（二）思想政治教学方法的分类

对于教学方法而言，可以从不同的视角对它进行分类。分类的目的就是准确地理解在教学中时常采用的教学方法，从而把握教学方法的本质特点。

（1）按照教的方法与学的方法来分类。从思想政治教师教的方法与学生学的方法来划分教的方法（简称教法）和学的方法（简称学法）。也就是说，教学方法可以分为教法和学法。

（2）按照学生的学习方法来分类。教学是为了学生的学习，教学方法实质上也是学生的学习方法。因此，可以从学生获得信息的主要途径和来源进行分类。这样，教学方法可以分为：以语言传递为主的方法，主要有讲授法、谈话法、讨论法、读书指导法等；以直接感知为主的方法（或者直观演示），主要有演示法、参观法等；以实现训练为主的方法，主要有练习法、实验法、学习法和作业法等；以情境陶冶为主的方法，主要有情境教学法等；以引导探究为主的方法，主要有发现法、研究性学习和小组合作学习等。可见，这些分类方法着重从学生学习的角度来理解和界定教学的方法。

（3）从认识活动的角度进行教学方法的分类。教学活动是学生的认识活动，因而从学生认识活动的角度可以把教学方法分为三大类：一是组织学生认识的方法，如直观法、实践法、归纳法、自学法；二是刺激学生认识活动的方法，如游戏、讨论、情境教学法；三是检查学生认识活动效果的方法，如作业法、实习法。

实际上，“组织学生认识的方法”是学习方法，“刺激学生认识活动的方法”应该是教师教的方法。当然，教师的教必须要依据学生的学习特点来进行，正如陶行知所说的“教的法子必须要依据学的法子”“检查学生认识效果的方法是对学习效果的评价方法”。因此，从学生的认识活动来看教学方法，巴班斯基的分类方法应该是融合了教师教的方法与学生学的方法。

（4）按照教师、教材与学生三者的相互关系来分类。教学方法是教师、教材与学生三者共同作用的活动方式，教学方法可以根据三者之间不同的互动方式，分为教师提示的方法、学生完全自主学习的方法和师生共同解决型的教学方法。以上分类方法突出了教师与学生在学习教材的过程中所处的不同地位和发挥的不同作用。如果按照这样的分类方法来理解，在思想政治课的教学方法中，讲授法和讨论法可以被看作是以教师提示为主的教学方法；小组合作学习和研究性学习可以被看作是以学生自主学习为主的教学方法；谈话法则可以被看作是师生共同解决型的教学方法。因此，要准确理解和把握教学方法的定义及其分类，必须要明确以下几个方面：

第一，教学方法不能仅仅只是被看成教师在教学中使用的方法，它也指学生在学习过程中运用的学习方法，它是教师实施教的方法和学生学习的方法的有机统一。在特定的教学活动中，教师的教与学生的学不是彼此孤立的，而是相互联系、相互制约的。一方面，教师在教学方法的选择和使用中要依据学生的学习方法，在这个意义上可以说“教学方法就是学习方法”；另一方面，教学方法在运用时，教师处于主导地位，引导学生进行学习活动，学生的学习是在教师的指导下进行的，因而也可以说“学习方法就是教学方法”。

第二，教学方法是师生在教学活动中同时进行的相互作用的过程。因此，教学方法是师生共同作用下的自然生成的过程，它是教师的教与学生的学构成的有目的、有计划的一连串具体而又系统的行为方式。教学方法虽然可以是预先设计的，但它却是在教学过程中生成的。因此，只有通过观察具体的课堂教学活动，才能更好地理解教学方法、理解它的不同表现方式，从而把握它的本质特点。

第三，教学方法是一个中介系统，它是联系教师与学生、教师与教材、学生与教材的一个重要的桥梁，是教师与学生为了完成教学任务、实现教学目标而采用的手段、方法和策略。教师可以通过教学方法这一中介实现对学生的引导和教育，学生可以借助教学方法完成学习的任务。

二、思想政治课的启发式教学

启发式教学，就是受教育者在教育者的启发诱导下，主动获取知识、发展智能、陶冶个性、形成完美人格的过程。启发式是教学原则和思想，教师必须在思想政治课程教学中予以贯彻和坚持。从教学过程来看，启发式也是教学方法，它是教师有目的、有意识地引导学生积极思考和主动学习的方法。要调动中学生特别是高中生学习思想政治课的积极性和主动性，就必须实行启发式教学。启发式教学是思想政治课教学的基本方法，它贯穿于整个教学过程之中。

从教学理论角度理解，启发式是一种教学原则或要求；从方法论角度理解，启发式则是一种具有指导意义的根本方法，它贯穿于整个教学活动过程之中。这里主要是在后一种意义上使用启发式这一概念的，即把启发式作为思想政治课教学的基本方法。

一般来说，启发式作为一种根本的教学方法，主要是指教师在教学过程中，根据教材、课型和学生特点，采取各种有效的途径和措施，调动学生学习的积极性、主动性和创造性，引导学生独立思考、探求新知，培养学生分析和解决问题能力的基本方法。启发式的实质在于强调在教学过程中发挥教师的主导性和学生的主动性，激发和引导学生积极思考、不断探求新知，培养分析和认识问题的能力，提高思想觉悟。这也正是我们今天开展全面素质教育所要达到的一个重要目标。不悱不发是启发式教学的基本形式，也是启发式教学的基本特征之一。它表明教师在课堂上激发学生思考的时候，只有在学生思考出现疑难时教师才给予及时的帮助。

教学就是引起学生智力的积极性，一个坏的教师奉送真理，一个好的教师则教人发现真理。因此，启发式教学是注重学生思考的一种教学思想和方法，教师要善于采用不同的教学方法引导学生去思考、去质疑，这是学习的最佳途径。

（一）启发式教学的特点

启发式教学方法适应时代要求，符合认识规律和教育规律，适合学生身心发展特点。它具有如下特点：

第一，主动性与创造性相结合。启发式教学强调在生动活泼的教学过程中，激发学生的学习热情，调动他们学习的主动性，并在此基础上引导学生进行积极的思维活动，促使学生对知识的掌握能够融会贯通、举一反三，实现学习主动性和创造性的结合。

第二，外因与内因相结合。在教学过程中，学生既是对象，又是主体。要取得好的教学效果，就必须通过各种途径和手段去调动主体内在的积极性和主动性。教师的传授这一外因只有通过学生的内在积极性这一内因的配合才能收到好的效果。启发式教学方法恰恰是促进内因与外因有机结合的重要手段。

第三，情与理相结合。运用启发式教学，可帮助我们用马克思主义的基本理论去激发学生的思想感情，做到以理动情，使学生真正学懂，坚定信仰，并指导自己的行动。坚定的政治信念来自情和理的结合。如果教师本人对马克思主义具有坚定的信念和深厚的感情，并在此基础上对马克思主义基本理论进行有真情实感的知识讲授和启发，就能够提高学生学习的积极性和主动性。学生带着真挚强烈的思想感情去学习马克思主义基本理论，就能实现情与理的结合和懂、信、用的统一。

第四，理论与实际相结合。要使思想政治课对学生具有吸引力、感染力和说服力，就必须运用启发式教学方法。启发式教学可以帮助教师正确引导学生，用学到的马克思主义的基本观点、立场和方法去观察、分析社会政治现象和生活中所遇到的实际问题。启发他们全面深刻、实事求是地去分析、解决这些实际问题，提高他们的思想素质，达到理论与实际的有机统一。

第五，确立了主体教育观。传统的应试教育往往以“讲”代“练”，以“教”代“学”。而在启发式教学中，教师把主要精神和时间放在激发学生的学习兴趣上，在“导”字上下功夫，在“精讲”上动脑筋，使学生始终处于自觉、积极的心态之中，全身心地投入到学习上，教学以学生为主体，使学生成为教学的主体。例如，在启发式教学中，让学生自己总结方法、发表看法、讨论问题、编题解答等，都是学生主体性的表现。

第六，发挥了教师的主导作用。在课堂教学中，教师的主导作用体现在“导”上。教师是教学任务的领导者，教学目标的制定者，教学课程的组织者，文化知识的传递者，学生求知的启发者，学生学习活动的指导者，学生发展多种可能性、选择性、可变性的调控者，为学生的学习导向引航。这就要求教师必须研究学生内心想法和需求，从学生的知识水平、能力水平、动机水平的实际出发，采用风趣讲解、设疑引思、模拟演示等有效措施，调动每一个学生学习的积极性，使每一个学生都能在各自原有的基础上得到应有的进步。在启发式教学中，如果没有教师的设问、启导是难以想象的。教师所提出的启发式问题，犹如一个个闪光点，在学生的“头脑库存”中引起碰撞，迸发出火花，把学生现实的“惑”和原有的见闻、体验、知识、认识沟通起来，最后水到渠成地解决。可见，启发式教学充分发挥了教师的主导作用。

（二）启发式教学的方法

1. 对比启发

通过比较可以启发学生思维，如哲学上的感性认识和理性认识的对比，物质与意识、唯物主义与唯心主义等概念的比较。通过对逻辑上紧密相关的概念进行比较，学生可以清楚了解概念形成的思维特征。当然还可以是异同点比较，如可以通过提出“有何相似之处”“有什么不同”“有何联系”“有何区别”等问题来引发学生的思考。

2. 提问启发

学习是从问问题开始的，问题是思维的起点，提问是启发式教学最为常用的方法。教师要善于通过提问来激发学生的思维，引导学生思考，从而培养学生分析问题、解决问题的能力。在思想政治课程教学中，提问的方式可以多种多样，可以采用“是什么”“为什么”“怎么样”等来设计和表达问题。一般来说，提问可以分为以下类型：

（1）识记水平的提问。这一水平的提问主要是通过问题来确认学生是否记住所学的内容，包括概念、具体事实、定义、规律等。这一水平的问题有利于训练学生的记忆力、语言表达能力。通常可以采用“是什么”“是不是”等提问词来设计问题，教师常常使用的关键词有“谁”“是什么”“在哪里”“什么时候”等，如“哲学是什么”“文化是什么”“商品是不是劳动产品”之类的问题。

（2）理解水平的提问。这一水平的提问不再是回忆式的简单复述，而是需要学生运用所学的知识来重新组织和表达观点。通常这一水平的问题可以检查学生对知识的理解程度和掌握程度。在启发式教学中，建立新旧知识的联系，或者唤起学生新旧认知结构之间的连接等都可以采用这种提问方式。这种提问的主要提问词有“为什么”“怎么理解”“怎么办”等。

（3）运用水平的提问。这一水平的提问要求学生运用所学的知识去进行解释、分析、论证，得出结论。在思想政治课程教学中，理论与实践相结合常常需要通过这一类型的问题，教师通过这一水平的问题来使学生生活经验与所学知识产生联系，或使理论与现实相结合。教师常常采用的提问词有“如何理解”“怎么解释”“举例说明……”“运用……原理解释……现象”等。

3. 材料启发

材料启发，就是教师给学生提供典型的案例，让学生思考和归纳案中所蕴藏的道理，这也是思想政治课程教学常用的方法。思想政治课程有许多概念和原理，单从理论上去讲解会显得比较枯燥乏味，学生也难以理解和接受。由此，教师可以采用一些生动典型的案例，使学生通过案例触景生情，实现从材料的理解过渡到对观点或者原理的理解，达到观点与材料相统一。

教师在利用材料启发学生的思维时，常常可以这样设问，如“材料有何启示”“蕴藏什么道理”“如何评价材料”。思想政治课程的内容与生活是密切相关的，大部分的观点、原理都可以从现实生活中找到适合的案例，教师通过提供材料来引导学生学习知识，并在分析案例过程中引导学生的思维从感性认识上升到理性认识，有利于学生的思维发展，提高学生的理性思维。

思想政治课实行启发式教学，对于调动学生学习的积极性、主动性和创造性，促进学生知、情、意、信、行的转化，顺利完成思想政治课教学的任务，具有重要的意义。

第一，有利于学生身心和思想的健康发展。中学生正处于身心和思想迅速发展，从幼稚逐渐走向成熟的过渡时期。思想政治课通过启发式教学可以生动活泼地向学生系统传授马克思主义的基本常识，并启发学生用马克思主义的观点、立场和方法去分析、认识他们所关心的社会实际问题，引导学生正确地对待人生、面对社会和未来，进而帮助他们树立正确的道德观、人生观和世界观，提高他们的思想觉悟，保证他们思想发展方向的正确性。可见，思想政治课启发性的正面教育和引导，对中学生身心思想健康发展具有积极的促进作用。

第二，有利于促进学生知、情、意、信、行的转化。启发式教学是达到这一目的的重要手段和方法。思想政治课实行启发式教学，可以增强思想政治课的吸引力、感染力和说服力，这样就能激发学生带着强烈的热情，主动地、系统地学习，达到知与情的结合。教师的启发，既可以培养学生分析和解决问题的能力，又可以引导他们正确对待社会和个人。在此基础上，进一步促使他们形成实现共产主义的坚定信念和意志，并以此来指导和规范自己的行为。因此，思想政治课实行启发式教学，对促进中学生知、情、意、信、行的转化，实现掌握知识与提高觉悟相统一的目标，起着至关重要的作用。

第三，有利于充分调动学生学习思想政治课的积极性、主动性和创造性。在教学过程中，学生既是教育的对象，又是学习的主体。如果学生这一主体缺乏积极性和主动性，就难以取得好的教学效果。实行启发式教学，可以增强思想政治课的科学性、针对性、应用性和趣味性，从而激发学生学习思想政治课的积极性和主动性，启发学生积极思维。

第四，有利于师生双边交流，促进教学相长。教学是教与学两个方面的有机统一，启发式教学能够促进教学相长，对建立良好的师生双方交流的信息反馈系统起着至关重要的作用。

（三）启发式教学的要求

思想政治课实行启发式教学，最根本的要求是激发学生学习的积极性、主动性和创造性，发展思维、培养能力，提高思想觉悟。要达到这一目的和要求，必须注意以下方面：

第一，注意形式与内容的有机统一，通过各种教学手段和途径调动学生的主动性，去启发学生积极思考，探求新知。从表面上看，讨论法、谈话法更符合启发式精神，而讲授法，特别是其中的讲述法却似乎与“注入式”的“满堂灌”相类似。正是出于这种对启发式内容与形式关系的表面的错误理解，在思想政治课教学中，有的教师虽然主观上重视启发式教学，但在上课时却不管教材内容、课型特点和学生实际，要么一味追求“教师问，学生答”等形式上的双方活动，要么只选用简单、易操作的双方活动，如以讨论法、谈话法等形式进行教学，其结果往往是既扰乱了课堂秩序，又没收到启迪学生思维、调动学习积极性的效果。

第二，要深入钻研教材。教师只有在深入钻研教材的基础上，才能深入浅出地讲清重点、突破难点，解决学生的疑难，启发学生举一反三、触类旁通。随着社会科学的发展和思想政治课的改革，近年来，思想政治课的设置发生了很大变化。这对思想政治课教师知识结构的更新，提出了更高要求。要求教师结合钻研教材，通过自学、进修、函授等方式，不断更新自己的知识结构，拓展自己的知识面，跟上时代发展的步伐。教材内容一般都比较精练简明，教师要把教材上的内容传授给学生，照本宣科是不行的，必须通过丰富生动、深入浅出的讲解。这就要求教师运用一些有助于讲清教材内容的资料，如典型事例、图表、数据。这些教学资料主要靠教师平时从报纸、杂志上摘录和收集。

三、思想政治课常用的教学方法

（一）讲授法

讲授法是通过教师的“讲”向学生传授知识的教学方法。它通过循序渐进地叙述、描写、解释、推论来传递信息，传授知识，阐明概念，论证规律、定律、共识，引导学生分析和认识问题，并促进学生的智力与品德的发展。语言是传递经验、交流思想感情的主要工具。因此，讲授是教学的一种主要的方法，即使运用其他方法，也都需要配以一定的讲授。讲授法的一般思维方式或者说常用的表达方式，包括归纳式思维方式和演绎式思维方式。在教学语言表达中，教师采用不同的语言来表达思想、观念、概念和理论。思想政治教师会根据不同的需要和不同的教材内容，选择不同的语言表达形式，从而使课堂教学表现出不同的特点。

1. 讲述法

讲述法是教师用生动形象的语言叙述事实材料，交代问题的产生发展经过，以阐述某个理论观点和概念的教学方法。讲述法的特点在于从感性材料入手，进行生动形象的叙述与描述，寓思想教育于生动形象的讲述之中。讲述法是高中思想政治课讲授新知识的重要方法。从形式上看，讲述法是教师单方面的、较长时间地讲，学生听。如果运用不当，很容易变成“注入式”的“满堂灌”。因此，要使讲述具有启发性，必须注意以下方面：

（1）教师的讲述是为了说明一个抽象的概念或原理，因而讲述时必须紧紧围绕要说明的理论观点展开，启发学生在生动具体的感性材料中加深对抽象概念的理解。否则，就会喧宾夺主。那种离开教材内容和主题纯粹去追求所谓“课堂气氛”的讲述，完全背离了启发式教学的宗旨，也就难以完成思想政治课的教学任务。

（2）必须条理清楚，层次分明。教师在叙述事件或具体材料时，要条理清晰地讲清来龙去脉，注意所叙述对象的逻辑层次。并且要适时地画龙点睛，以明确的观点统率整个讲述过程，从而引出正确的结论。

（3）必须针对教材的重点和难点选择典型材料。讲述的目的在于通过感性材料的叙述帮助学生理解掌握抽象的概念和原理。这些抽象的概念和原理，一般是思想政治课教学中的重点和难点。要达到这一目的，教师所讲的材料必须具有典型性。讲述的材料不在于多，也不在于单纯追求趣味性和情节生动，关键是要精选最能揭示原理观点精神实质的典型材料。这就要求教师在占有翔实材料的基础上，善于进行整理和比较，从中选出最容易使学生把握重点、突破难点的典型材料进行讲述，这样才能收到好的教学效果。

（4）讲述必须语言生动形象，具有吸引力和感染力。要使讲述能够引起学生的兴趣，激发他们积极思维，通过具体材料更好地感知教材、理解抽象的理论，就要求教师在讲述时语言要生动形象、语调要抑扬顿挫。叙述时要有感情，做到声情并茂、情理交融，使学生从教师生动的讲述中受到感染和教育。

以上这些要求，既是由讲述法自身的特点所决定的，同时也体现了思想政治课实行启发式教学的根本精神。讲述法只要遵循了上述要求，且运用得当，就会使思想政治课教学生动活泼、丰富多彩，具有感染力和教育力。如果违背了这些要求，用流水式讲述，平铺直叙、不分主次地大量罗列现象、堆砌材料，就会陷入“注入式”“满堂灌”的泥潭。

2. 讲读法

讲读法是教师讲和引导学生读相结合的教学方法，其特点在于师生共同活动，讲读结合，可以充分发挥教师的主导作用。学生在教师讲解引导启发下，通过认真阅读教材，能够更深刻、更准确地理解和把握教材的重点、难点。讲读法多在低年级教学中使用。要使讲读法在运用中体现启发式的精神，关键在于增强读的目的性。教师要精心指导学生阅读，启发他们积极思考，使教师的讲和学生的读有机地结合起来。否则，讲读就会变成照本宣科、无目的的读书或仅仅追求形式上的双边活动。因此，讲读法要运用得好，必须注意以下方面：

（1）突出重点，加强引导。在教学中，教师的讲和学生的读，都应当是教材的重点和难点。教师通过讲帮助学生理解教材的重点、难点，学生通过读可以进一步加深这种理解。反之亦然，学生通过读可以发现问题和疑难之处，学生带着问题听教师讲解，可提高兴趣和注意力，促进学生积极思考。因此，必须以突出重点为核心来达到讲和读的有机结合。要在讲读结合中促使学生深钻教材、积极思考，教师就必须加强对学生阅读的指导。阅读要有目的性，要引导学生边读边思考，善于发现和提出问题，这样教师的讲才具有针对性。

（2）紧扣原文，富有感情。在思想政治课教学中，教师讲和学生读的重点、难点一般都是抽象的概念和原理，或者是马克思主义经典作家的重要论述。因此，无论是教师讲述还是引导学生读，都必须紧扣原文，严肃认真，一丝不苟，注意准确性。同时，讲读时要带有强烈的思想感情，入情入理，做到情理结合，这样才能帮助学生加深对教材重点的理解。

（3）形式多样，注意效果。讲读法是教师的讲与学生的读的有机结合，其形式是多种多样的。既可以先讲后读，在教师讲的指导下读书；亦可以先读后讲，在读的基础上发现问题，有针对性地讲；还可以将读的部分由学生自己讲；此外，可以全班齐读，也可以分组读或抽读等。教师在教学中到底采取讲读的哪种形式，关键要根据教材内容、教学要求和学生实际情况灵活运用，这样才能取得好的教学效果。

3. 讲解法

讲解法是教师用精确的语言阐释、分析、论证基本概念和原理，揭示事物本质特征的教学方法。讲解法的关键在于把学生的认识由感性引向理性，它比讲述法具有更强的逻辑性和理论色彩。教师要通过讲解分析促使学生的认识由感性阶段升华到理性阶段，关键在于启发学生积极思维。因此，要使讲解具有启发性，收到良好的教学效果，必须注意以下方面：

（1）论点要明确，论据要充分。教师必须明确提出自己所要讲解的论点，并紧扣论点展开分析说明。要全面、深刻、准确地阐释论点，论据必须充足，论证的材料必须丰富典型。论据要足以阐明所要讲的概念和原理，这样才能分析透彻，引出正确结论，避免以偏概全。

（2）讲解要符合学生的认识规律。高中学生正处于从形象思维发展到抽象思维的过渡时期，具有在感性认识基础上理清抽象概念、从已有知识认识新问题的特点。这就要求教师在讲解概念和原理时，从感性材料出发，运用学生熟悉的各种事例，由易到难、由具体到抽象，深入浅出地进行实证分析，这样才能使学生真正理解掌握概念和原理的本质特征。切忌那种从理论到理论、从概念到概念的抽象讲解。

（3）论证要严谨，符合逻辑。教师的讲解必须有理有据，把事实和道理有机结合起来，论证分析必须准确、科学、深刻，同时讲解必须严密有序。

（4）语言要准确精练。要正确分析概念和原理，就要求教师的分析语言必须符合逻辑，必须准确、科学和简洁，思路要严密清晰。如果教师的讲解杂乱无章、逻辑混乱，或想当然地信口开河，就无助于学生理解和把握抽象的理论。讲解法运用得当，既可以充分体现启发式教学的精神，有利于发展学生抽象逻辑思维的能力，又有利于学生准确理解和掌握马克思主义的基本观点和社会科学常识，提高思想觉悟。

虽然讲述、讲解各有侧重，但在教学中它们经常是相互结合、交替使用的。一般而言，对于低年级的思想品德教学汇总，讲述法更为常用，尤其是思想品德课中，教师们常常采用情境教学法，在使用情境教学法的过程中，教师需要描述或者叙述主要的故事情节，通过描述来营造教学情境，使学生在情境中或在故事中领会道理并归纳教学内容。讲解法则在思想政治教学中被广泛采用，高中的教学内容与政治学、经济学、哲学、文化等有关。这些知识的抽象程度比较高，在教学中，它要求教师不仅要系统而全面地描述事实，而且要深入分析和论证事实，通过分析、论证来归纳、概括，最后得出科学的结论。因此，高中政治教师的语言更多地表现出讲解的特点。

4.讲演法

讲演法是教师针对某一涉及面较广的重大问题进行系统阐释和论述的教学方法。这种教学方法的特点在于对问题的理论分析较多，有相当的广度和深度。这种方法适用于教材内容偏深而理论成分大，或与现实问题、学生实际联系紧密的重大问题的教学。它对于学生系统、完整地掌握知识，培养学生综合分析和逻辑思维的能力，锻炼学生理论联系实际、分析认识社会实际问题的能力都有着积极的促进作用。讲演法在思想政治课教学中要想收到好的效果，必须注意以下方面：

（1）有充分的准备。讲演的内容涉及面广，且有一定的深度和难度。因此，教师在上课前必须做充分的准备。其一，必须拟定讲演提纲。讲演时根据提纲逐次阐明各个重点，并在讲清每一要点之后做简明扼要的小结，归纳到主题上，做出明确的、系统的总结；其二，要根据提纲收集整理对所要阐述的问题的系统、完整和充足的材料；其三，要了解学生的知识水平和思想状况，使讲演难易适度，具有针对性。

（2）观点明确，论证严密，条理清楚，具有逻辑性。讲演要围绕主题展开论述，要宏观把握全局，所阐述的观点必须明确。论证分析要有理有据，具有严密的逻辑性。思路必须清晰，分析要有层次性，要由表及里、层层深入地进行论述，切忌散乱和离题。

（3）增强语言表达能力。讲演是教师运用准确连贯的语言系统分析阐述一个重要的问题，时间较长。因此，要求教师有较强的语言表达能力，口齿清楚，词汇丰富，语言准确、生动形象，要有感染力和吸引力。同时，也要注意穿插使用讲述、讲解和谈话等方法，调动学生积极思维并主动配合，增强讲演的教学效果。

（4）充分发挥板书的作用。讲演涉及的内容多，理论难度大，学生思维和笔记的能力都不强。因此，教师应合理安排好板书，利用板书引导学生记忆和理解所讲问题的纲目和逻辑层次，帮助学生更好地系统把握所讲授的内容。

综上可见，讲授法的这四种形式各具特点，它们的共同特点都在于通过教师“讲”的艺术和技巧去启发学生积极思考，调动学生学习的积极性、主动性和创造性。这也就给高中政治课教师加强自身思想和业务修养、提高讲课的艺术和技巧、充分发挥其在讲授中的主导作用，提出了更高、更严格的要求。

总之，讲授法是思想政治课堂教学中最为常用的教学方法。在运用的时候，讲授法可以一个教师面对众多的学生，是一种最为经济的教学方法。它的优点在于讲授时，教师可以根据听课的对象、场所、设备和教材等对讲授的内容进行灵活处理，知识和信息的传递速度更快，可以在短时间内向学生传递大量的信息，学生容易获得系统的、有条理的知识。讲授法的这些特点是其他教学方法所无可比拟的。但是，它也有明显的不足。在采用讲授法的时候，教师如果使用不当，讲授很容易变成“满堂灌”，教师过多的讲授往往使课堂气氛呆板，讲授法容易忽视对学生的情感、态度的培养，也不利于批判性思维的训练。因此，对讲授法的使用要遵循以下几点基本要求：①讲授要紧扣中心思想，突出重点，材料的运用要围绕基本观点，否则容易散乱无章，使学生抓不住重点、理不清头绪，最终达不到应有的效果。②讲授要合乎逻辑、观点明确、论据充分，论证要具有严密的逻辑性，从而引导学生积极思考，使学生心悦诚服。③讲授时运用的材料要典型、准确，不要超出学生的生活经验、知识范围和理解能力，应尽可能生动、形象、具体，以激发学生的学习兴趣。④讲授时教师的语言应尽可能准确简练、生动形象、富有感染力。⑤讲授的内容要有科学性、系统性、思想性，既要突出重点、难点，又要系统、全面；既能使学生获得可靠的知识，又能在思想上有所提高。⑥注意启发性。教师在讲授过程中要提出问题，并引导学生分析和思考，通过启发性的问题使他们的认识活动得以积极展开，自觉领悟知识。⑦讲究语言艺术。教师的语言要力求清晰、明确、简练、形象，表达要条理清楚、通俗易懂，讲授的音量、语速要适度，注意音调的抑扬顿挫。同时，教师要善于运用体态语，以加强语言的感染力。

（二）谈话法

1. 谈话法的形式

（1）问答式。它主要是通过“教师问，学生答”的方式引导复习、巩固已学的知识，并可用作检查和了解学生对所学知识的理解程度，因而亦可被称为巩固和检查知识的谈话法。在综合课中，通过提问复习旧课就是这种性质的谈话。在讲授新知识之后，通过提问让学生系统总结并加以巩固，也属于这类性质的谈话。

（2）对话式。它是指在教学过程中，师生处于平等的地位，通过教师问学生答或学生问教师答的对话形式来完成教学任务的方法。思想政治课教学过程既是学生掌握知识的认识过程，也是师生情感交流的活动过程，这需要师生在一个良好的气氛中彼此沟通，而相互学习、让学生参加对话，正是思想政治课教学活动的内在要求。同时，现在的高中学生在心理上和思维方法上都与以往不同，他们从过去习惯于接受单向教育的求同思维，转向体现自主意识、独立思考的求异思维。他们希望用“自己的眼睛去观察世界，用自己的头脑去认识世界”。

2. 谈话法的要求

（1）谈话过程中要紧紧抓住谈话的中心线索，使学生始终感到这个中心线索是谈话的主体，以引导学生循序渐进，深入到问题的本质。掌握好谈话的思路和线索，注意谈话的系统性和逻辑性，切忌离开主题和漫无边际的谈话，切忌散乱和随意性的谈话。

（2）谈话要面向全班学生，必须采用多种方法调动每个学生发言的积极性，使全班学生积极参加，尽量满足不同程度、不同水平的学生的求知欲望。谈话的内容必须在学生的知识范围和生活经验之内，否则谈话就无法进行。

（3）教师要有驾驭课堂的能力。教师一定要紧扣教材，要做到放得出、收得回，出了偏差迅速改。真正做到师生融为一体、配合和谐，教师要当好“交响乐队”的指挥。

（4）必须有目的、有计划地进行谈话。谈话是为了帮助学生巩固已学知识或探求新知，这就要求教师必须根据教学的目的要求谈话，使谈话围绕教学内容有计划地进行，要根据教学内容和要求，有计划地准备好所要提出的一系列问题，并写出问题的正确答案。提问应注意循序渐进，由浅入深，由易到难，从“是什么”到“为什么”，逐步深入。

（5）提问要切合学生实际。教师要使自己的提问能够引起学生的兴趣和注意，并在教师引导下积极思考，得出正确结论。提问必须符合学生的知识水平和认识水平，超出学生知识和认识水平的提问，就会一问三不知，但过于浅显的问题又难以引起学生的注意和兴趣。因此，教师的提问必须做到难易适度。同时，教师还必须了解学生的思想状况。提问尽量贴近学生的思想，尽量与他们所关心的问题联系起来，这样才容易引起学生的思想共鸣，激发他们积极思考和探求新知的积极性和主动性。

（6）谈话形式多样。谈话法主要通过教师的课堂提问来帮助学生掌握知识。谈话是否具有启发性，能否收到好的效果，关键在于教师提出的问题的质量。教师提问的形式应当多种多样、生动活泼，切忌单一呆板。有经验的教师总结出了很多好的提问方式，如以旧带新式提问、事例引发式提问、反面设疑式提问、探求答案式提问、巩固运用式提问。

教师根据教学内容要求的变化，选择合适的提问方式或穿插使用几种提问方式，使课堂气氛生动活泼，进而调动学生的积极性、主动性，收到好的教学效果。谈话法运用得当，能够促进教师的主导性和学生的主动性有机结合，在师生的双边活动中实现教学相长。在教学实践中，谈话法经常是与其他教学方法穿插结合使用的。例如，在讲述、讲解的基础上提问，在教师提问的指导下读书，在讲演中穿插提问。这样可以使谈话的内容更加丰富、系统和具有吸引力，可以收到更好的谈话效果。

（三）演示法

1. 演示法的形式

演示法的具体形式，大致有以下类型：

第一，图画、图片、照片演示。教师依据图画表示的知识和思想内容，阐述和论证教材的有关问题，增强讲授的形象性和感染力。这种演示容易实行，效果更好。

第二，幻灯、录音、录像、电影、电视以及多媒体电脑演示。这类演示能够打破时空限制，使学生在短时间内观察认识到一个事物、事件的完整过程，或者观察到一些肉眼看不到的现象和变化，有利于吸引学生的注意力，使其便于把握事物的本质和规律。

第三，图表、图解演示。这类演示是通过图解、图示、表格，把抽象的概念、原理象征性地描述出来，或者把抽象复杂的原理内容简明化、条理化，帮助学生进行分析、综合、比较、概括，形成正确的概念，得出正确的结论，加深对基本理论知识的理解，更好地掌握基本理论知识。

2. 演示法的要求

第一，演示的教具、实物或者音像资料，必须紧扣教学目标和教学内容，具有典型性。

第二，演示时，要使全班学生都能看到演示的对象。

第三，要使学生注意观察演示对象的主要特征和重要方面，不要使他们的注意力分散到一些细枝末节上去。为此，教师要做必要的说明。

第四，演示要同解说相结合。要让学生在演示中看得明白，悟出道理。解说最能体现教师的主导作用，并使教具发挥更大的作用，从而增强演示的教学效果。

第五，演示要适时，应当在需要时再展示教具。过早演示会分散学生的注意力，削弱新鲜感，降低学生的兴趣。教具用完后要及时收起来。

第六，一堂课演示的教具不宜过多。

（四）讨论法

一般来说，讨论法有自己的教学目标：①培养学生的批判性思维能力。在讨论过程中，学生围绕一个问题进行思考并且发表自己的观点，这就迫使学生不得不学会用基于事实、概念和原理的推理来维护自己的意见；学会从不同的角度对同一个问题进行深入的思考和辩论。②培养集思广益的技能。讨论的时候要求学生听取别人的意见，能对他人的意见进行评价，而且通过与他人观点的交锋、碰撞，调整自己的思路，集思广益形成自己的观点；还要克服个人的偏见，既不钻牛角尖，也不人云亦云。这些技能可以通过自由的、没有压力的讨论得到培养。③培养口头表达能力。学生在讨论中既要表达自己的思想，又要反驳他人的观点，在这个过程中很好地锻炼了口头表达能力。④培养学生具有集体合作共事的技能。在讨论中，各个小组成员往往既要积极发言，针锋相对，又要相互协商，共同完成小组的任务，这很有利于培养学生的合作能力。因此，教师采用讨论法时，应该充分考虑教学内容是否有助于讨论法教学目标的实现。

四、教学任务与教学方法

思想政治课教学工作在确定了教学目标，有了相应的教学内容，明确了要完成的教学任务之后，还必须采用有效的教学方法。现行思想政治课的显著特点在于突出了思想政治素质教育。教学目的首先是解决学生的思想认识问题，同时交给学生解决问题的锐利的武器。这就是马克思主义理论体系中的一些基本原理或观点。基本原理教学的方法和要求主要如下：

（一）采用多种方式讲清原理

（1）充分论证原理的科学性。要使学生相信、接受马克思主义基本原理，并把它变成自己的信念，必须使学生认识马克思主义基本原理的科学性。而达到这一目的的关键是教师本人的坚定态度和教学过程中的充分论证。论证是引用论据来证明论题真实性的论述过程。论证必须有论点和论据，论点是要论证的问题，论证是证明论据合理性、科学性的过程。在论证方面，马克思主义基本原理的科学性就要选择充分的、有说服力的论据。论据的种类很多，在教学中常用的如下：

① 理论论据，即利用已被实践证明并得到公认的理论为依据，来证明新的原理。例如，要讲清"应一切从实际出发，而不能从主观想象或自我愿望出发"的原理，可利用原来学过的"物质决定意识，意识是对物质的反映，物质第一性，意识第二性"的原理加以论证。理论论据可选本学科的，也可选跨学科的。

② 实例论证，即选用现实生活中的事实作为论据来论证所要说明的原理。例如，高一思想政治教材中的一些原理可选用社会经济生活、经济体制改革中的实例来说明。这里值得注意的是，选用的事例要有科学性、典型性、针对性、趣味性和现实性，这样才能更好地发挥作用。

（2）运用逻辑推理，讲清基本原理。原理不同于概念，它表现的是客观事物之间的一种关系，这种关系常用推理的形式表现出来。例如，国家是阶级压迫的工具。资本主义国家就是资产阶级对无产阶级和劳动人民进行阶级压迫的工具。高中学生的思维能力已发展到可逐渐脱离直观形象思维而趋于抽象逻辑思维阶段。逻辑推理已被他们接受，并逐渐过渡为他们获得知识的重要手段，这为在教学中运用逻辑论证的方法讲清基本原理准备了条件。

思想政治课教学中常用的推理形式是三段式。这种推理中包括两个不同的判断，在两个不同的判断中包含着一个共同的概念中项。通过中项的中介作用，从两个不同的判断中得出一个新的判断。

（3）运用层层分析的方法，讲清原理。有些原理内容深奥复杂，教师在讲授时要采用层层分析的方法由抽象到本质，层层深入，使学生能较准确地、全面地领会其精神实质。如讲公民在法律面前一律平等这一原理，可做如下分析：首先，所谓公民在法律面前一律平等，是指公民在法律上的一律平等，任何人都不能特殊；其次，凡是我国公民，不论职位高低，贡献大小，都必须遵守法律；再次，任何公民都受到法律的保护；最后，不管什么人犯了法，都要依法认真追究，及时做出处理，使其承担法律责任，在执行法律时要一视同仁，平等对待。

（二）说明原理的实际意义

对于基本原理，在教学中要着重说明它的现实意义。在日常生活中，中学生接受了各种影响，课堂上如果教师讲的和他们想的差距太大的话，就会造成他们思想上的疑惑。教师要认真对待学生提出的各种问题，注意给学生解惑。同时，教师要想说明原理的实际意义，就要用理论联系实际的方法去进行教学，需要联系我国现代化建设的实际，联系改革开放的实际，联系党的路线、方针、政策的实际，联系学生思想的实际。这样才能讲清原理，才能解决学生的认识问题，才能引导学生用所掌握的理论去分析、解决实际问题。

（三）引导学生用所学原理分析说明实际问题

用马克思主义基本原理分析说明实际问题，是思想政治课教学的重要目的之一。在应用中既可使学生对原理的理解更加深入，又可以培养学生分析问题、解决问题的能力，做到理论与实践的统一。思想政治课教学中原理的应用方式多种多样，其中一类是在教师指导下，在教学过程中应用原理分析现实生活中的重大问题。例如，用生产力和生产关系的原理去分析、说明为什么要进行经济体制改革；用社会意识对社会存在具有反作用的原理分析为什么要加强社会主义精神文明建设。另一类是开拓课外活动场所，把课堂教学和课外实践活动结合起来。课外活动内容丰富多彩，形式生动活泼，为思想政治课教学提供了广阔的天地，如果组织、引导得好，对培养学生运用原理分析、说明实际问题的能力所起的作用，是一般课堂教学难以达到的。

五、观摩教学与评议

观摩教学与评议是学校开展教学研究活动经常采用的一种方式，也是学校领导了解教学情况，借以指导教学实践，总结和推广教学经验的最重要的方式。这种活动主要是指组织同一学科的教师观摩某一节课，并做出分析评议，然后共同探讨，互相学习，总结经验，达到不断提高教学质量的目的。

（一）观摩教学的意义

第一，观摩教学是开展集体教学研究的方法之一。观摩教学的过程就是开展教学研究的过程，因为观摩课的主要目的就是通过教学实践和教学研究共同探讨教学规律以提高教学质量。观摩教学从形式上看是由个人执教，但被观摩的课堂教学活动却是集体研究的成果。教师接受观摩任务后，首先在集体的帮助下选择适合反映专题研究任务特点的教材，反复钻研，认真备课。在个人备课的基础上再由教研组或举办单位进行集体备课。从教学目标、教学原则，到教学内容、教学方法、教学手段乃至教学过程的重要环节都要做认真的研究。同时，其他观摩人员也应同执教者一样，尽可能地在听课前对以上诸方面进行一番认真的研究和思考，而且听课后还要进行认真的评议，提出中肯的意见。这个过程实际上就是集体备课、集体研究、探讨教学规律的过程。因此，组织一次成功的观摩教学就是开展了一次很有成效的集体教研活动。

第二，观摩教学是推动教学改革的重要形式。随着形势的发展，学校教育教学必须相应改革，以适应为社会主义事业培养人才的需要。开展实验性的观摩教学是探索教学改革的必要途径。课堂教学是对学生传授知识、培养能力、进行思想教育的基本组织形式。从某种意义上来说，教学改革的成效在很大程度上取决于课堂教学改革的进展。教学改革通常总是先在局部（个别学校、个别班级、个别课堂）进行试点、探讨。这种试点、探讨就可以通过实验性观摩课进行。一旦取得经验，又可以通过观摩教学总结推广，借以指导教学实践，提高教学质量。此观摩教学是进行教学研究、推动教学改革的重要形式。

第三，观摩教学是提高教学质量的重要途径。对思想政治课教师来说，业务水平、教学能力和教学质量的提高，从根本上来说取决于教师个人的业务进修和在教学实践中不断加强教师职业技能训练。而教师之间的教学观摩活动，则是进行教师职业技能训练的有效形式。提高教学质量必须研究和总结教学经验。教师通过自己的教学实践总结经验，提高理论知识水平，用以指导教学，可以提高教学质量。但间接的经验也应注意借鉴，因为它也是实践经验的总结，是宝贵而值得学习的经验。特别是一些优秀教师的教学经验，更是发展教学理论的重要源泉。青年教师能系统地听老教师的课，积极参加观摩教学，可以帮助自己尽快地熟悉教材教法，提高教学能力。

（二）观摩教学的要求

（1）明确任务，认真准备。组织观摩教学，首先要明确观摩的任务和要求。如果任务是了解教师在教学中的全部活动过程，就要采取全面性的观摩形式；如果任务是观察研究教师在课堂教学中的专长，就要采用专题性观摩形式；如果任务是探索课堂教学的新理论、新方法，则可采用实验性观摩的形式。观摩教学中，交流和研究的问题一般应比较集中，且突出一个主题。

确定观摩任务后，就要紧紧扣住交流、研究的中心，进行讲课设计，做好充分准备。值得强调的是，观摩课绝对不是执教者个人的事情，它的成败关系着共同探索教学规律、提高教学质量的作用，除了执教者的主观努力，还特别需要集体的智慧。听课人最好能够和执教者一起钻研教材，研究教学目标、重点、难点，讨论教学设计方案。要把集体备课、听试讲等视为观摩课的组成部分，要把观摩课的准备过程变成交流经验和研究教学的过程。

（2）认真听课，取长补短。参加观摩教学听课的教师，事先应熟悉教材，把教材的重点、难点、疑点把握好，对教材的组织处理考虑好，做到有准备、有目的地听课，这样才能发现问题，提高听课质量。同时，参加观摩听课的教师还要对授课班级的情况有所了解，因为一堂课的成功与失败，不仅取决于执教者本人，在很大程度上是由学生的状况决定的。参加观摩者还需要了解授课教师的教课意图和设想。了解了这些情况以后，听课教师在听课时就能有的放矢地进行思索和评述了。

听课时，要认真观察，记录好教与学的全面情况。要结合观摩研究的专题要求，分析授课的成功与不足。要善于肯定别人的长处，从中借鉴，以此改进自己教学中的不足。此外，参加观摩教学者还应该注意，听课的时候应该在上课铃响之前进入教室，不能中途闯入教室，也不能提前离开教室。听课时面部表情要自然大方，举止行动要镇定从容，以免影响教室内学生的情绪。

（3）实事求是，反映实际。如上所述，开展观摩教学的目的是进行教学研究，提高教学质量，交流推广教学经验，或者探索教改途径。因此，必须以贯彻观摩意图为主，实事求是地反映教与学的真实情况。这主要表现在两个方面：第一，执教者应该持有在实践中进一步学习探索，实事求是地汇报自己的教学情况，虚心听取学生和听课教师的批评意见的态度。第二，观摩课后要开好评议会。评议时，要实事求是地对教学进行评价。即使是优秀的老教师的课，也不可能没有缺点。即使是新教师的课，也会有大量的优点。

（三）观摩教学的形式

1. 专题性观摩

就课堂教学中的某一方面、某个环节或教学原则的具体贯彻运用进行的观摩教学，人们将其称为“专题性观摩教学”。比如，某位教师在加强基础知识教学的同时，对突出重点、解决难点做得比较好，就专门听他这方面的课。有的教师在进行启发式教育培养学生智能上很有特色，有的教师在基本概念和原理的教学中坚持理论联系实际很有心得，有的教师在学习理论、提高认识的基础上进行行为训练有独到之处，还有的教师对直观教具或电化教学的应用富有创造性。总之，专题性观摩课着重观摩教师在教学上的某一特点、专长，带有专题研究的性质。

开展这类观摩教学活动，执教教师或举办单位应该事先将目的意图告诉每一位听课者。听课者也要早做准备，如对教材内容先做一番研究，最好能自己预先设计一下教学方案。这样带着问题去听课，收益会更大，同时有助于讨论、研究、探索教学过程中某些有规律性的问题。

2. 全面性观摩

全面性观摩，是指观摩一个阶段的课，或者观摩某几堂课、某一堂课的所有教学活动过程。全面性观摩的目的主要在于了解教师对知识传授、思想教育和智能培养等教学任务的落实情况，教学目标是否明确，是否贯彻在教学过程的始终，教材的内容是不是熟悉掌握，教材的组织和处理是否科学合理，基本概念、基本原理、教学重点、教学难点是否处理得当，教学原则和教学方法贯彻、运用得如何，教师教态与语言表述、板书如何，教时的分配怎样，学生的情绪如何等。总之，通过听课，进行全面性的观察了解。全面性的观摩，也称公开课，可用于新教师的试讲课，也可用于师范生的教育实习课。它可以全面观摩和全面鉴定新教师或者实习生课堂教学的能力，并有利于向他们提供帮助和指导。实习教师在实习前的试讲也应该按照这些要求进行。

3. 实验性观摩

为提高教学效果，探索教学的新理论、新方法，可以通过实验性的课堂教学，进行共同探讨和研究。在观摩之前，需组织有关教师先从理论上做必要的研究，并提出设想，然后集思广益，拟订实施方案，再委托其中的某位老师上一堂实验课，以此检验教学的实际效果。通过实践，进行总结，提高理论认识，再回到实践中去。实验性观摩的特点是共同研究，集体备课，既重理论，又重实践，它把执教教师与听课教师融为一体，将理论与实践紧密结合，而且在观摩前后往往开展多次甚至一个阶段的讨论研究活动。因此，实验性观摩更要求听课对象能在事先做一番认真的准备与深入的研究。

还有一种实验性观摩课，是当新编教材刚刚在全国范围内推广使用时，不少学校对新教材不熟悉，这时有关方面可以组织试点单位举行实验性的观摩课，让各学校派教师去听课。这样的实验性观摩课具有示范的性质，因为它是建立在试点单位反复研究的基础上的，从内容的处理到方法的选择都有许多可取之处，听课教师应虚心地从中吸取教学经验，并结合本校实际进行推广。

（四）观摩教学的评议

观摩教学结束后，要进行评议。要评好课，关键在于掌握评课的标准。评议一堂思想政治课的基本标准主要有以下方面：

1. 教学目标明确

教学目标是教学的出发点和归宿。一堂课有没有明确的目标，是不是达到了教学目标，是衡量一堂课成功与否的主要尺度。这里的教学目标既包括教育方针所规定的总目标，又包括本门学科的教学目标乃至本节课的具体的教学目标。一堂好课应是全部教学时间都围绕着教学目标来进行。

评议教学目标，还要考虑是否符合两个实际，即教材实际和学生实际。脱离教材实际，另搞一套的教学目标不可能收到良好的教学效果。不切合学生实际，大而空的教学目标，不可能提高学生学习的积极性，其结果也不会成功。

衡量一堂观摩课是否成功，不仅要看教师是否把教学目标写在了教案上或在课堂上提出了明确的教学目标，而要看在整个课堂教学的过程中，是否具有并贯穿了教学目标。如果只在教案上写出或只在课堂上提出教学目标，而在课堂教学的进行过程中却脱离了或没达到教学目标，都不能算是一堂成功的观摩课。

2. 教学方法得当

一堂课的教学方法是否得当，主要表现如下：

（1）能否根据教材内容和学生实际，采用灵活多样的教学形式和方法，启发学生积极思维，充分调动学生学习的积极性、主动性、创造性。

（2）能否坚持以教师为主导、学生为主体，积极开展师生双边活动。

（3）能否遵循教学规律，按照学生的认知特点，积极引导学生由浅入深地掌握知识，注意培养学生的能力，发展学生的智力。

（4）课堂教学设计是否严密合理，是否能够根据不同的课型和教学内容科学地安排教学环节，并提出课后活动的要求。

（5）教学手段是否直观形象，特别是能否运用直观性教学原则，促使学生完成形象思维到抽象思维的转化。

（6）讲解能否做到通俗易懂、生动有趣，语言文明、简练，无语病，力求用普通话，教态自然，板书规范。

3. 教学内容正确

在思想政治课教学中，教学内容正确主要有以下要求：

（1）准确讲清楚基本概念、原理、观点和事实。思想政治课是一门对学生进行马克思主义基础知识和相应的社会科学基础知识教育的课程。这些基础知识由一系列的基本概念、原理、基本观点和基本事实组成。基本概念、原理、观点和教学是思想政治课教学的重要组成部分，是奠定学生辩证唯物主义世界观和科学人生观的基础。因此，能否准确无误地讲清这些基础内容是评价一堂课成功与否的重要因素。

（2）理论阐述合乎逻辑，论证原理严密，善于突出重点、突破难点。突出重点、突破难点是在思想政治课教学中按照辩证唯物主义方法论进行课堂教学的具体要求。一堂好的课应能选准重点和难点，并能采用恰当的方法来解决难点、突出重点。

（3）思想性和科学性的统一。马克思主义的显著特点是科学性和革命性的统一。这就决定了思想政治课教学必须坚持思想性和科学性的统一，反对那种脱离思想教育单纯传授知识和离开马克思主义基础知识进行空洞说教的倾向。

一堂好的思想政治课应是二者的统一，应能正确处理好传授马克思主义基本知识和思想教育的关系，在教学中应能理论联系实际地讲清马克思主义基础知识。在这个基础上，根据教材内容，结合学生和社会实际，进行思想教育，进而提出切实可行的行为要求。

4. 教学效果良好

一堂课的成功与否，归根到底要看教学效果如何和学生收获了多少，看能否实现教学目标，完成教学任务。总的教学效果，往往在当堂课上难以立即做出全面评价，但从课堂气氛上也能看到教学效果的一般情况。譬如，看教师的讲授是否能启发学生主动、认真地思考；看思考所得的结论或产生的疑问能否在民主的氛围下充分地得到交流；看学生的主体能动性达到了怎样的程度；看当堂练习时学生对所学新知识的掌握情况；看课堂上师生双边活动配合是否默契、和谐。另外，还可以通过对学生课堂笔记、课外作业、课后测验结果的抽查以及通过课后与学生的交谈来了解教学效果如何。教学效果的良好与否是观摩评议的最终标准。

提高评议会的质量，关键不在于形式，而在于内容。这里也有一个实事求是的问题。因此，要力戒客套话、捧场话。说优点切忌言过其实，谈缺点不要求全责备。大家都抱着共同探讨的愿望，全面地、实事求是地分析、评议一堂思想政治课。如此，执教者、听课者都会有更大的收益。

第三章

高中思想政治课堂教学策略

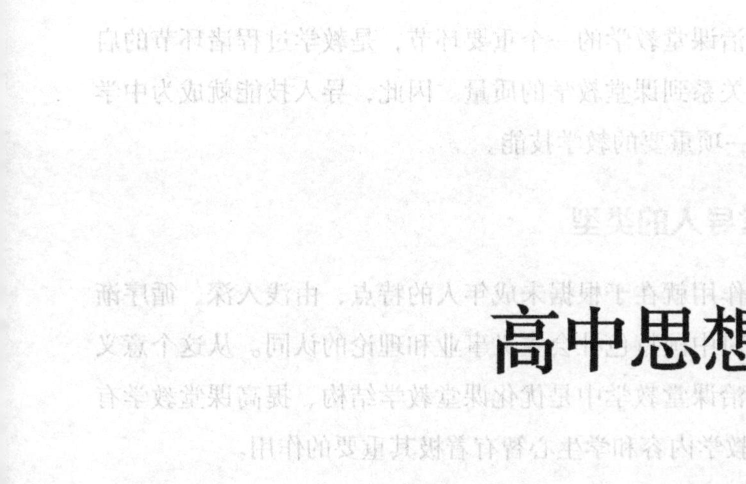

第一节 高中思想政治课堂导入策略

课堂导入作为思想政治课堂教学的一个重要环节，是教学过程诸环节的启动环节，导入的质量直接关系到课堂教学的质量。因此，导入技能就成为中学思想政治课程教师必备的一项重要的教学技能。

一、思想政治课堂导入的类型

思想政治课堂导入的作用就在于根据未成年人的特点，由浅入深、循序渐进、形象生动地增强他们对中国特色社会主义事业和理论的认同。从这个意义上讲，导入技能在思想政治课堂教学中是优化课堂教学结构、提高课堂教学有效性的关键一环，对开启教学内容和学生心智有着极其重要的作用。

课堂导入是教师在讲授新课时的起始阶段要进行的一种教学行为，是教师在一个新的教学内容或教学活动开始前，运用一定的方式恰如其分地引导学生的注意力，以引起学生的注意，激发其学习兴趣，明确学习目标与任务，形成学习动机和建立知识间联系的一种教学行为。简言之，课堂导入就是教师通过恰当的多种多样的信息，建立教学情境、制造学习氛围，帮助学生在接受新知识前做好心理上、认知上的准备，把学生带进一个与教学任务和教学内容相适应的理想境界。

思想政治课堂导入的方法应依据教学的任务和内容、教育对象的年龄特征和心理需求精心设计。思想政治课程课堂教学的导入方式是多种多样的，常用的导入方法有以下五种：

（1）温故导入。温故导入，是从学生已有知识入手，由已知引向未知，使其产生强烈求知欲，去探求新知识的一种导课方法。

（2）直接导入。直接导入法是直接阐明本课题的学习目的和要求、各个重要部分的内容及教学程序的导入方法。主要特征是开门见山，“短、平、快”。优点是在较短的时间内引起学生的有意注意，帮助学生把握学习方向。教师简洁、明快地讲述或设问，是使直接导入成功的关键。直接导入有其局限性，过于笼统、概括，也过于刻板、枯燥，缺乏强烈的感染力，不易激起学生的学习兴趣。直接导入法更适合高中年级教学。

（3）活动导入。活动导入法是教师通过让学生积极参与各种活动来激发学生兴趣，转移学生注意力，调动学生积极性的一种导入方法。

（4）悬念导入。悬念，一般是指对那些悬而未决的问题和现象的关切心情。在教学中精心构思，巧布悬念，也是有效的导入方法。利用悬念，激人好奇，催人思索，往往能收到事半功倍的效果。采用这种导入法需注意的是设置悬念应具有“新”“奇”的特点，要能击中学生的兴奋点，在技巧上则应“引而不发”，令人深思，富有余味。通过设置悬念，引发学生的好奇，激发学生的求知欲，使学生以积极思维和努力学习新知识的积极心态进入新课学习。

（5）演示导入（直观导入）。教师在讲课之前，通过实物、模型、图表、幻灯、投影、电视、电脑等一系列教具的演示或现今更多采用的多媒体教学，来引导学生观察、分析，并设置问题情境，引出新知识的一种导入方式。利用多媒体播放视频资料，通过引导学生联想，激发学生思维的积极性导入。

二、思想政治课堂导入技能训练

通过导入技能训练，可以理解课堂导入在整个教学环节中的重要意义，进而初步达到能运用各种导入手段与授课内容衔接自如的目标。

教师在进行思想政治课堂导入训练时，其训练流程大体可分为以下五步：

第一，应根据教学内容的需要，选择确定导入新课的导语类型，以增强教学的针对性。

第二，依据导语类型、教学内容和学生实际设计导课语言，这是导语训练的关键环节。

第三，自我或同伴间进行导语教授的课堂演练。

第四，由教师或同伴对演练者的表现从内容到形式进行客观评价，指出优点或存在的问题。

第五，演练者根据教师或同伴提出的问题，结合自身对导语演练的反思逐字逐句地对导语进行修改，为达到课堂教学开门红奠定基础。

三、思想政治课堂导入的注意事项

（1）忌为导入而导入。思想政治课堂导入要与教学内容紧密联系，一开始就要把学生的思路带入一个新的知识情境中，让学生对所要学习的新内容产生认识上的需要。导入要符合教学目标的要求。导入只是课堂的开始，如果脱离教学内容，脱离课堂教学整体，为导入而导入，即使再精彩的导入也会失去其应有的作用。为了吸引学生注意力或引发学生学习兴趣在导入时插科打诨、故意逗笑，是庸俗而不可取的。

（2）忌导入时间过长。思想政治课堂导入仅是一个“引子”，而不是教学内容的展开，因而导入的时间不宜太长，一般来说导入的时间以三五分钟为宜。

（3）忌不顾学生实际。思想政治课堂导入要与学生特点相适应。学生是学习的主体，导入要适应学生的特点，要依据学生的知识基础、学习特点、心理特征和自身体验等设计导入，尽可能用精练的、适合学生的语言说明所要学习的内容、意义和要求。

（4）忌导入的随意性。思想政治课堂导入要体现科学性。导入的语言信息必须准确无误、合乎逻辑，不能为了追求生动而出现科学性错误。

第二节　高中思想政治课堂传授策略

一、讲授技能

讲授是最为古老的一种教学方法，它在人类教育开始之初就已存在。17世纪随着班级教学制的产生，经过一批欧洲教育家们的论证和完善，使得讲授法成为一种应用十分广泛的教学方法。在我国，19世纪中后期开办新式学堂后这种教学方法也开始得以广泛应用。至今它仍然是教师们常用的也是最为重要的一种教学方法。无论教师采用什么样的教学方法都离不开讲授。

（一）思想政治讲授的作用

讲授是指教师系统连贯地向学生讲解教材、传授知识和技能的教学语言形式，它是课堂教学中最基本的语言表达形式，是教学语言的主题。从教的角度来看，任何方法都离不开教师的“讲”，其他各种方法在运用时都必须与讲授相结合。只有这样，其他各种方法才能充分发挥其价值。比如，由于现代化教学手段的引入而出现的演示法，必须与讲授相结合才能发挥作用，并由讲授法起主导作用。

（1）讲授利于充分体现教师的主导作用。教师在课前往往要对讲授的内容进行深刻的理解和系统的整理，把握和解决教学的重点和难点，在教学过程中控制教学节奏。加之，教师自身具有较丰富的专业知识和生活阅历。所以，讲授能将抽象、深奥的知识变得具体形象、通俗易懂，使学生在学习过程中少走弯路，避免不必要的曲折和困难，保证学生快捷高效地获取知识。

（2）讲授利于发挥正面教育的作用。思想政治的教育因素往往内隐于教学内容之中，难以在短时间内为学生所发现和领悟，而教师的讲授、引导以及师生之间的交流、互动，很容易使知识蕴涵的教育因素变为显性的因素，从而充分引起学生的注意，引导他们接受，并针对学生的实际进行思想政治教育，使教师的言行有效地影响学生。而且，教师合乎逻辑的分析论证也有利于学生思维能力的提高和价值观念、信念的养成。

（二）思想政治讲授的优点

在新课程改革广泛推进的过程中，作为传统教学最主要方法的讲授，成为众人的攻击对象。但是主导中国课堂教学多年的讲授法仍然有其闪光点。

第一，教师能使学生在较短的时间内获得大量、系统的文化科学知识。讲授能对错综复杂的知识做系统的整理，使其条理清晰、脉络清楚，既节省了教师教学和学生学习的时间，又使学生能够对知识有系统性的、清晰的认识。

第二，教师能主导课堂教学，易于控制教学过程。由于学生年龄、思想、认识等方面还不够成熟，对于知识的理解和看法可能会比较稚嫩，所以教师在课堂教学中还要处于主导地位，系统地向学生传授知识。

第三，教师对教学设备没有特殊要求，教学成本较低，便于广泛运用。讲授对于教学设备的要求比较低，教师完全可以只凭一本书、一支粉笔和一块黑板就能很好地完成教学任务，不会受学校经济条件的制约，对于农村学校或偏远地区的学校来说，这无疑是一种很好的教学方法。

在了解讲授法后，我们就比较清楚地看到，讲授法并非对任何类型知识的传授都适用，而只适用于传授基础知识或陈述性知识。在教学过程中，教师就要根据自己的教学内容，选取合适的教学方法。

（三）思想政治讲授的要求

讲授作为一种教学方法，有其特殊的要求。教师在运用讲授法时，必须符合知识系统性、重点突出性、思想启发性和话语艺术性等要求。

教师的语言修养在极大程度上决定着学生在课堂上脑力劳动的效率。我们深信，高度的语言修养是合理地利用时间的重要条件。说明了语言在课堂教学中举足轻重的作用。

（1）知识系统性。教师在备课、上课时会有很多东西想要教给学生，教学内容会比较繁杂，内容之间或者有直接联系，或者有间接联系。这就需要教师按照一条或者几条线索（时间、地域等）把这些内容串起来，使内容具有系统性，既使知识点的脉络清晰，又便于学生的记忆和理解。同时，把知识点这样清晰地理顺之后，教师就不会因为内容的繁杂而漏掉一些知识点，从而能够比较完整地把知识点呈现给学生；也不会因为内容的杂乱而使授课教学思路混乱，授课内容没有条理性、层次性。

（2）重点突出性。教师在把知识全面教给学生的同时，要注意概括教学内容的重点。由于知识点本身的难易程度和学生的智力发育程度、接受程度、理解程度的不同，有的内容要重点详细地讲授，有的内容只需要简单提一下或者一带而过，教学用力不需要均衡。教学内容是多而杂的，教师不可能对所有的知识点都平均用力，面面俱到等于面面不到，教师应该从众多的知识点中总结出最主要、最重要的内容，在把基本知识介绍给学生以后，要着重对重点知识进行讲授。这样，教师既能够把重点知识教给学生，又能减少教学时间，提高教学效率。

（3）思想启发性。教授的知识要有启发性，能够让学生举一反三。教师在讲授内容时，不要一开始就对学生全盘托出、不留余地，而是先讲一点，通过这一点引导启发学生自己去思考理解，教师从旁协助。教师要让学生学会主动地思考问题，培养他们的积极能动性，而不是把自己知道的都告诉他们。在讲授过程中，教师对学生的启迪要比明确地告诉学生答案更有帮助、更有价值。

（四）思想政治课堂讲授的类型

根据讲授法在每堂课使用的角度和承担的具体教学任务不同，讲授可分为以下类型：

1. 讲述类

讲述是指教师对教学内容进行生动的叙述、形象的描绘，以达到阐明知识的方法。其特点是教师通过系统地叙述人物、事件，描述事物的现象及其发展过程，使学生形成鲜明的表象和概念，激发学生的兴趣和情感。无论是哪个年级的政治课，讲述都是一种常用的讲授新知识的教学方法。

政治教材中的内容，因其理论的抽象及现行教学方法的单一，使学生对政治理论普遍缺乏兴趣，笔者多年从事政治教学，尝试用故事讲述法激活课堂，采用通俗生动的故事，激发学生的求知欲，化难为易，寓教于乐，以达到快乐学习，提高教学质量的目的。

讲述从语言运用上可以分为叙事、描写和概述几种形式。叙事是对人物、事件用生动形象的语言加以讲述；描写是对人物、事件进行生动、具体的描绘，可引用诗歌、散文、小说、电影、电视等艺术形式中的语言、人物或事件；概述是对次要的人物、事件进行简单的、概括性的讲述，用以衬托主要的人物和事件。

在运用讲述法时，要注意以下四点：

（1）明确目的，紧扣主题。运用讲述是为阐明理论观点提供认识素材的。所以必须依据具体的教学目标，紧紧围绕要说明的理论观点展开讲述。否则，教师讲述得再有趣，学生听得再津津有味，也难以完成教学任务。

（2）精选材料，突出重点。教师在详尽占有材料的基础上，进行整理比较，针对教学重点来选用具有科学性、典型性的材料，提高讲述质量。

（3）条理清楚，层次分明。教师在叙述事物发展过程、历史事件或介绍典型材料时，要条理清晰地讲清来龙去脉，注意叙述对象的逻辑层次，并要适时地画龙点睛，以明确的观点统率整个讲述过程，并引出正确结论。

（4）生动形象，感情充沛。讲述的语言要生动形象，具有吸引力、感染力，做到感情充沛、声情并茂、情理交融。

2.讲解类

讲解是教师用精确的语言向学生说明、解释、分析、论证概念、原理的教学方法。其特点在于：教师通过由浅入深的分析论证，引导学生从感性认识上升到理性认识，进而使学生准确理解和把握概念和原理，比讲述有更强的逻辑性和理论色彩。讲解法适合讲授基本概念、原理和观点。

因此，讲解法与讲述法的区别在于：从教学内容而言，讲述侧重于叙述与描绘教学内容，讲解偏重解释和论证教学内容；从认识顺序而言，讲述侧重于从感知到理解，讲解侧重于从已知到未知。

在运用讲解法时，教师要注意以下五点：

（1）目的明确。教师在讲解时必须明确自己所要讲解的内容，并紧扣其展开分析、论证、说明、解释。

（2）论据充分。只有论据充分、准确、可靠，才能分析透彻，让学生准确理解和接受所讲概念、原理和观点。

（3）论证严谨。讲解时要层次清楚，条理分明，结构严谨，用词准确，水到渠成地得出结论。

（4）符合中学生的思维发展规律。中学生正处于从形象思维为主发展到以抽象思维为主、从形式逻辑思维发展到辩证逻辑思维的过渡时期。这就要求教师在讲解时，要从感性材料出发，由浅入深，由易到难，由具体到抽象地进行分析论证。这样，学生才能真正理解和掌握概念和原理的本质特征。

（5）与其他教学方法配合使用。在运用讲解法时，要注意与其他教学方法配合使用，如比较法、分析综合法等。要注意运用形象直观的辅助资料、教具以及多媒体，这样会增强教学效果。

3. 讲读类

讲读是把讲和读结合起来的教学方法，即在讲解、讲述的过程中穿插朗读的方法。一般适用于低年级。讲读既可以是边讲边读，也可以是先读后讲、先讲后读。讲读中的"读"既可以是教师读，也可以是学生读；既可以是朗读，也可以是默读；既可以是学生齐读，也可以是学生个人读、分组读或抽读。

教师在运用讲读法时要注意以下三点：

（1）听、读、想相结合。教师在讲读的过程中，要善于引导学生带着问题去阅读和听讲，边听边想、边读边想，达到听、读、想的结合。

（2）注重实效。讲读的形式是多种多样的，教学中到底采用哪种形式，要根据教学目标、教材内容和学生的实际情况而定，注重教学效果，不搞花架子。

（3）富有感情。讲读时要带有强烈的思想感情，入情入理，情理交融，帮助学生加深理解，突出主题，升华情感。

4. 讲演类

讲演是指教师针对某一涉及面较广的问题进行系统的阐述、分析和论证，并得出科学结论的教学方法。其特点是对问题的理论分析较多，所需时间较长，有相当的广度和深度。

讲演法适用于教材内容偏深且理论性较强，或与现实问题、学生实际联系紧密的重大问题的教学。讲演法要求学生具有比较丰富的基础知识、较强的思维能力、听写能力以及较长时间的注意力。因此，它比较适合中学高年级教学。

讲演法对于学生系统完整地掌握知识，发展逻辑思维能力和理论联系实际认识问题的能力，树立正确的立场、观点、方法有着积极的作用。

要使讲演法在思想政治课程教学中取得好的效果，需要注意以下六点：

（1）精选材料，增强说服力。由于讲演的内容涉及面广，且有一定的深度和难度。因此，教师在明确讲演主题后，要收集和精选相关材料，材料要系统、完整、充分，使教师的分析和论证更具说服力。

（2）难易适度，具有针对性。要了解和把握学生的知识基础、思维特点和思想状况，根据学生的实际情况确定讲演的难易度和侧重点，便于学生理解和接受。

（3）层次清楚，注意归纳。讲演要条理清楚，层次分明，逻辑严密。在讲清每个要点之后，要进行简明扼要的小结，再过渡到下一个要点的讲授；各要点讲授完毕后，要归纳到主题上，做出明确、系统的总结。

（4）适时板书，引导思路。由于讲演所涉及的内容较多，理论难度较大，加上学生思维能力的限制，在讲演时要适时板书，以此来引导和控制学生思路，帮助学生把握所讲问题的纲目和逻辑层次，从而使学生更好地、更系统地理解所讲授的内容。

（5）突出重点，分散难点。讲演要由简到繁、由易到难，对讲授的重点要加以强调，使其成为讲演的中心。难点如果较多，则要分散，逐个突破，逐次讲清。

（6）穿插使用其他教学方法和教学媒体，增强启发性。在运用讲演时，要注意穿插使用讲述法、讲解法以及谈话法等教学方法，借助一定的媒体，调动学生积极思维和主动配合，以增强讲演的教学效果。

讲授方法的四种形式各有其特点，在实际的教学过程中，他们经常是结合或交叉使用的。无论使用哪一种“讲”法，都需要教师通过自己“讲”的艺术和技巧，去启发学生积极思考，调动学生学习的主动性和创造性。

（五）思想政治课堂讲授技能训练

思想政治课堂讲授技能训练的目标是，要理解思想政治课堂讲授的作用、适用的范围，形成对课堂讲授的正确评价。全面认识和掌握思想政治课堂讲授的四种类型，明确各自的特点、使用范围、使用的基本要求。能够在思想政治课堂教学实践中准确、娴熟地运用各种讲授的方式进行教学。能够运用思想政治课堂讲授的相关知识及其讲授技能评价量表对自己或他人的讲授做出恰如其分的评价。

1. 思想政治课堂讲授实践

（1）独自演练并自评。依据提前准备好的教案独自演练，一定要录音，最好能录像。根据课堂教学讲授技能评价量表，进行自我评价，并加以改进。

（2）课堂试讲并进行他评。邀请老师、同学听自己的课堂试讲，最好能录像。虚心征求听讲者对自己试讲的评价及建议意见，并做详细的记录。随后，再次观看录像，根据听讲者的意见和建议，做进一步的修改。

2. 思想政治课堂讲授技能训练

讲授技能训练要按照讲述技能、讲解技能、讲读技能、讲演技能的先后顺序渐进，每个单项技能的训练都要首先确定内容和目标，注重运用科学的讲授方式和先进的讲授方法，要从现行教材中选取与训练内容、训练目的相适应的章节或者段落作为训练材料，以便技能熟练后能运用于教学实践，要在学习讲授理论的同时研究范例，吸取经验，在此基础上编写教案。每次练习的时间长短以技能的难易和训练的效果为依据，在录像后参照评价指标进行分析评价，把定性分析与定量分析、自评与他评、评价与指导结合起来，若有必要则重新练习。

（1）选择3~5份优秀的思想政治教学设计或课堂教学实况录像（光盘），以小组为单位进行分析、讨论和交流，体会课堂讲授的适用范围和要求。

（2）选择合适的思想政治课程的教学内容，分别进行讲述、讲解、讲读、讲演的教学设计，在小组内进行实践和训练，并做出相应的评价。

（3）选择合适的思想政治课程的教学内容，根据讲授的基本要求，进行教学设计，在小组内进行实践和训练，并做出相应的评价。

二、提问技能

思想政治课程的教学任务是集传授知识、培养能力、提高觉悟、健全心理于一体的。它涉及面广，教师只有通过提问这一途径才能直接了解学生对知识掌握的情况、能力达到的程度、觉悟醒悟的高度、身心健康的水平，从而加强教学的针对性，提高课堂教学的实效性。

课堂提问是通过师生对话，启发学生思考、讨论问题，调动学生的学习主动性、积极性，训练学生语言表达的技能和技巧的教学方法。借助这种教学方法，教师可以集中学生的注意力，激发学生积极思考并回答问题。

课堂提问是所有学科教学过程不可或缺的重要组成部分。对课堂提问技能的研究就成为思想政治课程教师必须具备的基本功。它使教师的授课从单向传授转为了双向探讨，改变了教学过程中学习主体——学生所处的被动地位，使学生从“你讲我听，你说我记”的圈子中跳出来，成为谈话的直接参加者，并在教师的科学引导下，跟随教师去探索未知领域，探索真理的奥秘。

提问是一项传统的、具有悠久历史的教学技能。古今中外，只要有教学行为发生，就有提问技能的使用。我国古代教育家孔子就常用富有启发性的提问进行教学，弟子颜渊对老师的这种方法极为称赞。古希腊哲学家苏格拉底主张通过问答式的对话引导学生发现真理，并以此作为研究教学法的基础。直到现在，提问仍然是我们课堂教学的重要手段。特别是实行新课程以来，突出强调了培养学生的创新意识和实践能力。而激发学生创造潜能和培养学生创新能力的关键在于培养学生的问题意识。这就要求在课堂教学中，要把培养学生的问题意识摆在突出位置，重视学习过程中的发现、探索、研究等认识活动，使学习过程更多地成为学生发现问题、提出问题、解决问题的过程。

总之，课堂提问是教师在课堂教学中进行师生相互交流的重要教学技能，是课堂诸项教学技能中的重点，既渗透于各项教学基本技能的运用之中，又统领各项教学基本技能共同实现教学目标。

（一）思想政治课堂提问的作用

（1）反馈信息，调整进度。通过教学提问活动，教师和学生可分别从中获得对各自有益的反馈信息，以作为进一步调整教与学活动的重要参考。教师可以通过提问，了解学生对知识的理解程度，检查学生对所教的重点内容的掌握情况，探明学生知识链条上的漏洞和产生错误的原因，全面掌握学生的个别差异和个性特点，反省自己教学中的不足或错误等，再根据从提问而得到的反馈信息，灵活地调整后继的教学活动。

（2）激发兴趣，引起注意。在课堂教学中，由于各种因素的影响，学生往往注意力不集中，被一些与教学无关的事情吸引。教师可以通过巧妙的提问，集中学生的注意力，并将无意注意引导到有意注意上来，实现有意注意与无意注意的有机结合，使学生认真听讲，提高教学效益。一节40～45分钟的课，学生的认知积极性呈现一种波浪形状态。因此，提问适宜在授新课前和上课开始后10～20分钟左右以及下课前10分钟左右进行。除此之外，当发现学生听课走神时，可借助提问暗示他们专心听讲；当学生面露难色时，可通过提问及时解惑；当学生对所学内容众说纷纭时，可通过提问厘清思路。也就是说，提问只要把握火候、讲究时机，就可以激发学生的兴趣，引起学生的注意。

（3）开阔思路，启发思维。没有问题，就没有思维。教师的每一次提问，都给学生一次思考的机会。教师的提问应该切中学生的疑惑之处，设置悬念，启发学生积极思维，自然而然地深入到课堂学习中去。提问是引发思想交流的一种方法，它应该成为一种思考的“酵母”，使学生的思维充分活跃起来，最好能引出不同见解——鼓励发散，并引导不同见解的争论——思维碰撞。

（4）活跃气氛，增进感情。教学时教师可以通过有效的课堂提问，将理论知识融入真实的情境之中，激发学生的学习兴趣，活跃课堂气氛，提高教学效率。

（二）思想政治课堂提问的要求

课堂教学提问是教学过程的重要组成部分，是一种由教师提问，引导学生运用已有知识经验回答问题，以获得新知识的方法。思想政治课程教学过程中，教师根据教学内容和学生实际进行课堂教学提问，在提问时应当遵循以下要求：

（1）探索性。要围绕教材中心提出问题，为教学目的服务。教师要引导、鼓励、启发学生，启发性提问能帮助学生打开思路，发展创造性思维，使学生在掌握知识的同时培养能力。好奇心是追求知识、探索真理的源泉。教师在设计教学问题时应该认真分析教材，寻找最佳处创设悬念情境，给学生心理上制造一种悬念，激起学生的好奇心和求知欲，从而使学生对所讲内容产生一种急于追下去的心理，从而使学生的注意、记忆、思维凝聚在一起，以达到智力活动的最佳状态。

（2）趣味性。教师要巧于设问，引起学生的好奇，促使学生在生疑、解疑的过程中获得解决问题的能力，在体味思考和寻求解答的过程中意识到自己智慧的潜在力量，激发进一步学习的动机。教师的提问要触及学生的心理，激起学生疑虑，使学生产生投入欲望。教师在课堂教学中针对中学政治的教学内容，引入社会热点和学生身边的生活现象来发问，还可运用诗词、故事、小品、广告设计等新颖有趣的问题，使学生处于一种积极兴奋的状态，这样学生思维的积极性就能充分调动起来，并进一步主动地去探索寻求答案。

（3）实际性。必须深入学生实际，了解学生的已有知识水平和社会经验，以及他们的思想实际，这样才能使提问的目的性更强，从而保证提问的顺利进行。这也就要求提问要有一定的难度和广度。如果教师提出的问题与同学们的实际水平相差甚远，或只是“是不是”“好不好”之类的简单问题，那就无法收到良好的教学效果。教师要按教材和学生认识发展的顺序，由浅入深、由易到难、由近及远、由简到繁地设计问题，先问认知理解性问题，分析综合性问题次之，创造评价性问题在后。也可以简单地说，先了解“是什么”的问题，然后再探究“为什么”的问题，最后分析“怎样做”的问题。

（4）科学性。提问的内容要有思想性和科学性。教师提出的问题应当简单、明了、科学、准确，绝不能为了提问而提问，任何庸俗的、不科学的提问，都将影响提问的质量。提问在思想政治课程中不宜过多使用，应同其他教学方法交叉使用。此外，思想政治课程的问答，在形式上通常是由个别学生回答问题来表现的。因此，要反对齐答，这样才能使提问更加科学严谨，具有活力。要改变课堂上无效提问过多的现象，提问的数量不等于质量，问题多不等于效果好。

（5）全体性。提问要面向全体学生，注意调动广大学生的积极性，使他们全部投入到课堂中来。课堂提问要注意辐射面，既抓住点又顾及面，既要让成绩好的同学发言，又要让成绩一般的、差的同学发言，以点带面，充分调动各类学生思考的积极性。教师要把握提问的主动性，充分发挥教师的主导作用。大多数教师提问时都由学生齐声回答，就算指名也只是局限于少数优等生，这样课堂气氛看起来确实很好，但实际效果却不尽如人意。大部分学生或在全班回答中浑水摸鱼，或是习惯于不被指名回答而不动脑思考。其实，每个学生都希望老师的目光能在自己的身上停留，如果教师在提问时能够面向全体学生，针对后进生的学习基础设计一些简单的问题来激励和引导，课堂上学生的积极性会更高，教学效果也会更好。提问时，教师要注意诱导启发、充分发扬教学民主。要适合学生的心理和思想特点，对学生的回答多用正面诱导，以创造和谐民主的教学氛围。为此，教师态度要亲切、诚恳，以消除学生的胆怯或紧张心理；要鼓励学生各抒己见，大胆寻求教师释疑解惑；对学生的回答要多鼓励，切忌讽刺挖苦或置之不理。

（6）评价性。提问结束时，教师要认真做好总结，关注学生的回答，并及时地作出评价和订正，对提问过程中的好、坏现象进行表扬或批评，肯定优点，纠正错误，充分保护学生回答问题的积极性。如果教师在提问后对回答正确的进行表扬，对回答错误的只是进行批评或不予理睬，这样只顾流程，不顾评价，只会收到负面的效果。其实教师的评价和态度同样具有激发学生学习动机的作用，对回答正确的加以肯定，对回答错误的加以激励及公开的指导，更能帮助学生认识自我，建立自信。

（三）思想政治课堂提问的类型

课堂教学中提问的方式很多，每一种提问方式都各具特色。思想政治课程教师在长期的实践中总结出的最主要的提问方式有以下五种：

（1）温故知新式提问。温故知新式提问，就是指在教学过程中，根据新旧知识的内在联系设计问题，通过提问使学生在复习旧知识的前提下，引发对新知识的认知的过渡方式。学生在预习时，或在课堂上思考教师的问题时，或在自己的记忆中搜索问题的答案时，实际上就为理解新课做了必要的准备。

（2）事例诱发式提问。事例诱发式提问，就是指在教学中以讲述一例现实材料、成语典故或名人轶事为基础设计问题，诱发学生去分析论证问题所蕴含的道理，引导学生独立思考问题的一种提问方式。

（3）分层递进式。分层递进式提问，是根据学科知识的内在联系，设计一系列层层递进的问题，引导学生层层分析、逐一解决的提问方式。通常来说，任何学科的知识都是一个有序的整体，因而课堂提问也可根据学科知识的内在联系逐层展开，后一个问题在前一个问题的基础上提出，问题与问题之间像攀登阶梯一样，由简到繁、由易到难，环环相扣、步步深入，以达到帮助学生加深对所学知识的理解的目的。

（4）纵横比较式。纵横比较式提问就是指在教学中教师可根据具有可比性的教学内容设计问题，从而引导学生在比较分析中更准确地理解知识间的区别与联系。比较是进行科学分析、认识事物本质和特点的重要手段。有比较才有鉴别，就思想政治课程教学内容而言，比较式提问一般分为横向提问、纵向提问和相似性提问三种形式。横向提问是对客观事物进行的优劣性比较，纵向比较是对客观事物进行的发展性比较，相似性提问是对客观事物进行真伪辨别的比较性提问，如"'公民'与'人民'一字之差，它们是不是一回事，区别何在?"等。这种提问有利于学生更好地理解和巩固知识，提高辨别能力。

（5）聚合集中式。聚合集中式提问是指提出若干问题引导学生作答，然后引导学生从中总结、归纳出某一结论的提问方式。例如，教师在讲"爱祖国"这一道德规范时，就可提出"爱家乡是不是爱国""爱岗是不是爱国""出国是否是不爱国"等问题。这样，就可能引导学生从爱国与爱家乡、爱国与爱岗、爱国与出国的关系中总结出爱国的基本要求。

此外，还有转移式提问、辐射式提问、巩固式提问、激将式提问等等。总之，提问是一项极具艺术性的工作，其关键是启疑开窦，问得适时，问得巧妙，问得开窍，问中留疑。

（四）思想政治课堂提问技能训练

思想政治课程要想激发学生对该学科学习的兴趣，巧妙的课堂教学提问就显得格外重要。所以，加强对实习教师与在职教师的课堂教学提问训练的意义就显而易见了。

1. 思想政治课堂提问训练流程

教师在进行提问训练时，应严格遵循以下六个步骤：

第一步，编拟各种类型的问题。该学科课堂教学提问的类型，按照课堂教学顺序和环节的划分，编拟新课导入式提问、讲述过程中的提问、内容总结式提问等问题，并进行训练；按照提问内容标准的划分，编拟目的性提问、理解性提问、分析性提问等问题，并进行训练；按照提问的目的及要求的划分，编拟引发性提问、强调性提问、巩固性提问等问题，并进行训练；按照引发心智的综合性功能，编拟记忆性提问、推理性提问、创造性提问、评价性提问、常规管理性提问等问题，并进行训练。

第二步，在实习学生中拟选出回答问题的人员，并预设好、中、差三个层次的回答对象，为未来面对真实的课堂提问做好充分的准备。

第三步，认真训练候答技巧。要注意候答时间不宜过短，一般的简单问题应留1～5秒的时间，复杂性问题应留5～20秒的时间，但最长不要超过50秒。教师要注意不要复述学生回答问题的答案。教师指名学生回答问题时要面向全体，不要仅偏重成绩好的学生而忽略了其他学生。

第四步，演练引导学生回答问题的技巧。学生回答问题时会因学识、阅历、能力的局限，而考虑不周、理解片面，甚至出现错误，教师此时不宜中止学生回答，而应注意倾听、循循善诱，启发引导学生正确地思考回答问题。学生力不从心时，教师可降低提问坡度。

第五步，演练教师总结学生回答内容与衔接新的教学内容的技巧。学生回答问题的内容良莠不齐、有对有错，教师总结时首先要肯定和鼓励学生回答问题的态度与精神，总结时只归纳出正确的、可接受的部分，其余部分可忽略不提。与此同时，教师还应尽快找到总结内容与新讲授知识的对接点。

第六步，进行自我反思，总结经验教训，找到改进提问的新路径。教学反思是新课程改革背景下对教师提出的一个新要求，教学提问的训练也不例外。实习教师应从编拟问题的科学性、准确性，提出问题的难易程度，候答引导学生回答的技巧，以及归纳总结学生回答问题的结果等多个方面进行反思，并努力找到改进教学提问的新办法。

2. 思想政治课程提问技能训练

（1）组织观看思想政治课堂教学示范课，结合自己学习的理论知识分析讨论授课教师课堂教学中的提问，并思考这些提问对于课堂教学和促进学生的学习有什么作用。

（2）根据各类教学设计组织两次班级思想政治课堂提问试讲活动，请老师和同学听课，课后请他们评课，详细记录评课内容并提出改进措施。

（3）到中学去与有经验的老师座谈，听取他们对思想政治课堂提问的意见或整理他们的经验，在全班交流并记录交流内容。

（4）采用微型教学训练的方法，分别运用思想政治课程提问技能开展教学训练活动，并写出训练反思。

第三节　高中思想政治课堂结尾策略

思想政治课程教学是一个有序的整体，它不但要求要有“凤头”，即引人入胜的导入，而且要求要有“豹尾”，即有力的结尾。这“豹尾”正是指结尾要色彩斑斓，余味无穷。文章是这样，一堂课亦如此。能否处理好下课前几分钟的教学，是直接关系到一堂课能否善始善终、围绕中心、重点突出、首尾呼应、衔接自如、教学有序的重要问题。教学结尾倘若能够做到照应开头、振奋人心、扣人心弦，必将会促进整个教学结构更加完整。

一、思想政治课堂结尾的作用

（1）提炼归纳知识，提高学习兴趣。学生刚刚开始学习一个学科的时候，都有一种渴望获得该学科知识的新鲜感。由于未掌握有效的学习方法，大多数学生靠死记硬背，学习效果不佳且容易遗忘。利用课堂小结，将所学知识按照重点、难点、相关学科用语进行提炼归纳，用列提纲、做表格法、逆向思考等方法，引导学生概括出知识的骨架，巧记而不是死记，有利于巩固、发展学生的学习兴趣。大部分学生认为小结可突出重点，因而教师在教学中要抽出时间满足并保证学生的这一基本要求。

（2）艺术渲染，保持完整。在教学中，艺术的导入和精彩的讲授可以描绘出课堂知识的大体轮廓，使教学有其形；简要回味，犹如“画龙点睛”，使教学具其神。在课堂教学接近尾声时，通过情境的渲染，刺激学生思考、联想，用短短的几句话总结出知识的精髓，掀起教学活动中的又一次高潮，不仅可吸引学生的注意，使学生意犹未尽，激发学生复习知识的欲望，还可首尾呼应，保持教学结构的完整性，避免虎头蛇尾的现象。有关调查显示，学生认为课堂结尾的重要性排列第二，说明学生在整个教学活动中，希望教师授课生动、有趣，具有艺术感染力。

（3）问题讨论，发展能力。当今社会，教师仅仅会“解惑”是远远不能满足学生需求的，还要会“布惑”，设置一些发人深思的问题，刺激学生思考、活跃思维，让学生利用学过的概念和原理来推理、判断并解决问题。让他们在讨论中，进一步强化对所学知识的理解；在争辩中，倾听别人的观点；学会从不同的角度考虑问题，对别人的意见做出正确评定，形成自己的观点。通过问题讨论，培养学生解决问题的能力、批判性思维能力、集思广益的能力及口头表达的能力。

（4）做好铺垫，承前启后。学生认为小结中承前启后与讨论问题发展能力同等重要。理论知识之间既有阶段性，又不乏连续性。新旧知识间有着一定的逻辑性和系统性。课堂结尾能帮助学生将所学知识系统化，形成一定的知识网络，教师从中找到切入点为新课创设教学意境，启发学生积极主动预习新课，为下一节课做好铺垫，使前后内容衔接严密，自然过渡。

（5）布置作业，反馈信息。教师根据每堂课的教学目标、重点、难点设计课后练习题，目的是为了更好地帮助学生巩固理论知识。

二、思想政治课堂结尾的要求

就整个教学过程来看，上课着力搞好结尾工作的重大作用，集中体现在六个方面：第一，善始善终，结构严谨；第二，梳理知识，画龙点睛；第三，掌握观点，发展能力；第四，查缺补漏，完善认识；第五，揭示联系，掌握规律；第六，设下悬念，诱发思考。要使我们的课堂教学结尾达到“课虽终而思未断”的境地，思想政治课程教师就应该遵循课堂教学结尾的科学性、精练性、针对性、可行性、艺术性原则，认真探索，勇于创新，用多种方法做好结尾，以显示课堂结尾功能的无穷魅力。

课堂教学结尾就是课堂教学的结课问题。所谓结课就是指教师在下课前几分钟时间里的教学活动。

（1）语言精练，紧扣主题。教学语言是课堂教学中师生交流、传递信息的工具。课堂教学结尾的语言不能拖泥带水，应当精练恰当、紧扣主题。这就要求教师要拥有一定的词汇量，并能规范、准确、主动地运用于教学中，以正确表达教学内容。

（2）前后一致，首尾呼应。课堂结尾特别应注意教学结构的严谨性。所谓前后一致，首尾呼应，主要是指课堂教学导入之“凤头”要与课堂结尾之“豹尾”达到完美的呼应，从而形成课堂教学有序、前后贯通的生态链。

（3）形式多样，新颖别致。具体问题，具体分析，课堂结尾也应遵循这一准则，根据不同课程、课情、学情与教学内容，选择最佳的结尾形式，达到最好的教学效果。教师不能千篇一律地使用一种方式结课，也不能设计了什么结课方式，课堂上就必须使用这种方式结课，而应当根据课情、学情与教学内容灵活的进行课堂结尾，做到新颖别致。

基础教育教学中常用的课堂结尾形式有首尾呼应式、归纳总结式、设置悬念式、体验回味式、分类比较式、练习检测式、活动式等。但不管形式有多少，教师应当按照结课的完整性、简洁性、升华性与灵活性的总要求来实施课堂教学结尾，进而使我们的思想政治课堂教学系统连贯、结构严谨、富有生机、具有活力。

三、思想政治课堂结尾的类型

明确思想政治课堂教学结尾的分类，对教师加强课堂结尾的教学效果，显现课堂教学的完整性，发挥课堂教学的整体效应具有独特的作用。常见的课堂教学结尾有以下五种类型：

（1）归纳总结式。归纳总结式是教师在课堂结束时引导学生对整节课的主要内容进行梳理、归纳、总结，给学生以系统完整的印象，从而加深学生对所学知识的理解和记忆，培养学生综合概括的能力。这种方法是在课终之时，对全课的教学内容进行全貌式的归纳总结。归纳总结既可以是教师示范，又可以由教师引导学生或师生共同讨论来完成。归纳总结必须体现提纲挈领、全面准确、简明扼要和生动有力的特点。这种方法如果是由学生自己去做，教师只需要在必要时加以补充和引导。总结形式可采用准确简练的语言、文字、表格或图表等将所学的主要内容、知识结构进行归纳总结。

（2）首尾呼应式。首尾呼应式是在课堂结束时，解决新课导入时设置的悬念、问题、困难、假设等，是问题则解决，是困难则克服，是假设则证实或证伪，以达到前后照应、首尾相连、浑然一体的教学境界。这种方式可使学生豁然开朗、茅塞顿开，巩固所学知识，又能使学生产生喜悦感，激发学生进一步学习的兴趣。

（3）设置悬念式。设置悬念式是在课堂结束时，教师精心置疑、巧妙设疑，提出新的问题，制造悬念，引发学生思维的兴趣和动机，将学生的思维推向新的高潮，收到“课虽尽而思不断”之功效。每堂课都是整个教学链条的一个环节，对前面的课有承接关系，对后面的课有预示作用。教学不能只是一味“求同”，照本宣科，应有求异创新，有认识的深化。在一堂课或某一问题教学即将终结、学生以为“盖棺定论”之时，教师若能巧妙设疑，提出新的问题，可将学生的思维推向新的高潮。在一堂课终结之时，教师若设计一个预示下一课题的悬念，承前启后，就可激发学生的好奇心和求知欲，使学生急切地盼望下次的解答。

（4）呼唤感召式。中学思想政治对培养学生健全的人格，促进个性的健康发展起着重要的作用。在课堂教学终结之际，可以捕捉教育时机，将教材理论与学生实际相结合，或提出目标、使命呼唤，或给予榜样、信任感召，在晓之以理的基础上，动之以情，导之以行。

（5）练习小结式。练习是整个教学过程中不可缺少的一环，课堂练习尤为必要。新课讲授结束时，教师抓住重点、难点或关键点，根据教学实际，精心设计一些口头或书面作业，让学生动脑、动口、动手练习，既可使学生所学的知识得到强化，课堂教学效果及时得到反馈，又可培养和提高学生分析解决问题的能力，使学生养成学以致用的良好习惯。

四、思想政治课堂结尾的训练

（一）思想政治课堂结尾训练的目标

思想政治课堂结尾是该学科课堂教学的重要组成部分。加强对实习教师与在职教师课堂结尾技能的训练，有助于他们对教学内容的全面把握，对自身所学知识的内化与活化，对课堂教学内容的树立与整合，以及对所讲理论认识的深化。思想政治课结尾的成功与否，极为重要的一点就在于我们对所探究的社会现象中的重点、焦点、难点、热点问题能否在理论上找到支撑，并且能否在最短的时间内让受教育者在教师讲授后形成理论，概括明晰其中的含义，明了其基本的道理，进而在课后为内化为自己的良好品德奠定基础。

所以，在课堂结尾进行概括时，必须高度关注四个问题：第一，概括的准确性；第二，概括的层次性；第三，概括的针对性；第四，概括的普适性。唯有如此，我们的授课才能得到理论的升华。与此同时，我们在课堂教学结尾时，还应高度关注结课形式选择的灵活性。根据课情、学情、教学内容、教学条件，选择最佳的结尾形式，力争最好的教学效果。为此，在课堂结尾技能训练时必须依照以下训练目标要求进行：

（1）课堂结尾训练要明确教学目标，为教学目标服务。课堂结尾是为实现教学目标服务的，否则就失去了课堂总结的意义。教学的三维目标：知识与能力的内化、过程与方法的领悟、情感态度与价值观的培养都还有赖于课堂总结的提升。

（2）课堂结尾训练要强化教学内容的完整性，增强课堂教学的整体效益。课堂结尾直接关系到教学内容的系统连贯、完整准确。为此必须做好三个方面的工作：第一，加强教学材料的收集与筛选，对影像资料与文字的镶嵌、处理都应做到心中有数；第二，要进行科学的课堂结尾设计。选择与教学内容一致的课堂结尾形式；第三，设计好与课堂结尾形式吻合的结尾用语，反复进行由教案用语向教学用语的转变。从而真正实现教学起始到结尾的完整、教学内容与形式的完整、教学目的与手段的完整、教学环节与效果的完整。

（3）课堂结尾训练注意结尾的针对性。课堂结尾必须针对教学内容和学生特点，应因人而异，具有鲜明的针对性。一般要做到三点：首先，抓住主要矛盾。教材的重点、难点、关键点都是主要矛盾。课堂结尾就要通过揭示矛盾的实质，使学生进一步巩固所学知识，提高综合运用知识的能力。其次，在课堂结尾中要教给学生学习与探究的方法。最后，要预防错误。学生易错的概念、法则、公式可通过总结加以强调、引起重视。

（4）课堂结尾训练要注意语言的“精”“简”“懂”。课堂结尾应是课堂精华的浓缩。课堂结尾不是课堂教学的中心环节，却是课堂教学的一个重要环节。所以，结课用语一定要简洁明快，应抓住最本质、最主要的内容，做到少而精、简明扼要、易懂好用。应用精练的语言，提纲挈领地概括出本堂课的学习内容和要点。语言表达要流畅，总结脉络要清晰，结课用时要显少。切忌结课繁杂冗长、拖泥带水、画蛇添足。

（二）思想政治课堂结尾训练流程

实习教师与在职教师在课堂结尾训练时应严格遵循以下流程进行：

（1）收集材料。根据教学内容收集不同类型结课所需要的影像、文字资料并进行必要的加工处理。

（2）创造条件。对本节课所讲授的主要观点进行梳理与理论概括，为结课形式的选择与结课语的设计创造条件。

（3）设计结课语。根据教学内容、结课形式、材料处理的情况与观点概括的情况进行结课语的设计。按照不同结课形式设计结课用语，反复训练（时间控制在三分钟以内，活动结课与练习检测结课形式除外）。在反复训练的基础上找出不足，并且改进设想，重新修改结课语。进而找到结课的最佳形式，收到结课的最佳效果。

（三）思想政治课堂结尾技能训练

（1）观看成功的思想政治课堂结尾示范课视频，结合自己学习的理论知识分析讨论授课教师课堂结尾的行为，并思考这些行为对于课堂教学和促进学生的学习有什么作用。

（2）从高中思想政治和初中思想品德课中各选择一课题，按思想政治课堂结尾的程序精心进行教学设计，时间要求：3～5分钟。在与教师和同学交流的基础上改进教学设计。

（3）组织两次班级思想政治课堂结尾教学活动，请教师和同学听课，课后请他们评课，详细记录评课内容并提出改进措施。

（4）到中学去与有经验的教师座谈，听取他们对思想政治课堂结尾的意见或整理他们的经验，在全班交流并记录交流内容。

（5）采用微型教学训练的方法，对思想政治课堂结尾的每种类型分别进行教学训练，并写出训练反思。

第四节 高中思想政治课堂品质提升策略

一、高中思想政治课堂品质的目标

（一）达到课程设计的要求和目标

要想达到课程设计的要求，要从以下四个方面入手：

（1）坚持正确的思想和政治方向是高中思想政治教育的前提，将理论与实践紧密结合，让学生了解教育工作的基础知识，以便在实践中灵活运用相关知识。在瞬息万变的社会发展过程中，要善于利用所学的历史知识、当下时代特点、辩证思维、文化思维等分析和解决问题，帮助学生掌握正确的思想政治方向、树立正确的思想价值观念。

（2）完善教学方法，确定教学目标，将重点放在学生思想政治学科水平的提高上。在这门学科的教学过程中，经常开展实践性活动，正确把握理论与实践之间的关系，在理论思维和时间思维两者间做好平衡。将实践活动与理论知识相结合，将其作为课程的主要内容，以此来引导、教育学生在实践活动中提高核心素质，促进学生的全面健康发展。

（3）完善教学方法要根据学生的生理、心理发展状况，以学生为主体。高中生在思想和行为等方面有着自己的特点，具有无穷的潜力。因此，要善于利用当代信息技术，挖掘出帮助学生进步的信息和资源，对当下热点进行探讨，打破传统教学模式的禁锢，促进教学环境的轻松化、开放化。

（4）坚持以提高学生的思想政治核心水平为教学目标，建设相应的体制机制。在这个目标的基础上，引导、激励学生，促进学生发展评价体制机制的建立，加强学生与实践活动之间的联系，完善评价体制机制，努力提高学生的综合理解力、政治认同感、判断力、政治和法治素养、实践动手能力，为提高学生的思想政治核心水平奠定坚实的基础。

（二）达到核心素养培育的目标

核心素养培育对于高中思想政治课堂品质的要求也是十分严谨的。其中主要包括以下四个方面的内容：

第一，政治认同。就是确保高中生对于当前的社会制度、意识形态有着认可和赞同的情绪。在实际课程学习的过程中，认为要想实现国家富强、民族振兴、人民幸福必须要依靠中国特色社会主义，中国共产党的领导是建设中国特色社会主义事业的本质化特征，必须要拥护中国共产党的领导，正确看到社会主义核心价值观，将其作为建设国家、发展社会、培育公民的基准，并且积极依照社会主义核心价值观去要求自己。

第二，理性精神。对于高中生而言，可以在未来认识世界和改造世界的过程中，展现出自身的理智、自主和反思。这些品质特点的综合，就是理性精神的集中体现。依靠本版块的学习，高中生懂得将马克思主义作为观察事物、分析事物、理解事物、解决矛盾的重要依据，并且分析对应的现象，做出合理的选择，树立正确的理想信念，对于自己民族的文化产生信仰，以负责任的态度参与到社会实践中去，为和谐社会的构建贡献自己的力量。

第三，法治意识，高中生对于法律的态度是认可的、崇尚的、遵从的，对于法治思想、规则意识、程序规范、权利义务都有着正确的看法。在本章节的学习过程中，可以看出法治是人类文明的成果，是引导国家治理的重要途径，必须要树立宪法至上、法律权威和法律面前人人平等的价值观，要知道权利和义务之间的关系，要懂得依法办事，在自身权益受到损害的时候要适用法律武器去保护自己，依靠法治引导社会朝着更加美好的方向发展和进步。

第四，公共参与。行为主体能够有序地参与到社会事务中去，融入国家治理，规避承担公共责任，确保成为公共利益的维护者，自觉践行公共精神的意愿和能力。在本版块的学习过程中，能够具备人民当家做主的责任感，懂得以民主管理、民主决策、民主监督的方式去指导实践，鼓励以对话协商的方式表达诉求，继而有效地实现问题的解决。

（三）实现品位高、效率高、学生满意度高的统一

第一，要想实现高品位的高中思想政治教育，就不能将其限于物质层面，要有精神层面的升华。帮助学生树立正确的思想政治价值观念，除了教授学生知识外，还要关注其心理的健康成长，让学生在实践活动中不断进步，从而提高高中思想政治教育的品味。

第二，实现高效率的高中思想政治教育。理想中的高中思想政治教育课堂和现实中的教学时长之间的比值越大，课堂效果越好；比值越小，课堂效果越差。

第三，提高高中思想政治教育中学生的满意度。学生在课堂学习过程中获得的参与感越高，说明学生的满意度越高，能够在亲身体验中获得成就。这些成就会作为以后实践活动的重要参考，使学生期待下一次政治实践活动。

显然，实现高中思想政治课堂的高品位、高效率、提高学生满意度是高品质高中思想政治课堂的重要基础。因此，要正确把握三者之间的关系，将高效率作为基础，将高品位作为理想目标，将学生满意度作为以人为本教学观念的追求，三者对于提高课堂品质都发挥着不可或缺的作用，既独立存在又紧密结合，要辩证地看待这三者之间的关系。

（四）将教学目标化为完美课堂

思想政治课堂追求的并不是单纯地为教学目标服务，也不是为了满足教师个人的教学理想，更不是为了帮助学生提高学习效率，而是始终坚持教学目标，有意识地将其运用到日常课堂中，将教学目标转化为完美课堂，促进高品质政治课堂的实现。

要想提高高中思想政治课堂的品质，就要将内涵丰富的教学目标和实践活动紧密结合。要想营造高效的教育教学氛围，就要让教育者和学生自觉遵守教育目标。此外，完美课堂和教学之间要紧密结合需要做到以下几点：

第一，把教学目标和教育过程结合起来，课程内容要与教学目标相符，选择合适的教学方式，自然地进行结合，建立理想的教育活动过程和教学环境。

第二，现实的高中思想政治教学目标需要进行划分，在这之后需要注意其与教学内容和教学方式之间的有效联系，为有效课堂的构建奠定坚实的基础。

二、高中思想政治课堂品质的衡量标准

（一）教学过程的科学完整高效

判断高中思想政治课堂品质的标准需要经过系统性的制定，而且需要具有特色，能促进高校思想政治课堂不断朝着高品质的方向发展。要想真正理解高中思想政治课堂品质的标准，需要从以下三个方面来进行：

（1）科学安排教学过程。在安排高中思想政治教学政策的时候，要将学生的学习特点、心理需要、兴趣、思想政治学情等作为基础，促进现实高中思想政治教育课堂的科学进行，教师和学生要具有科学的思想政治思维和知识，学校要制定科学的思想政治教育政策、为学生营造科学的思想政治学习环境，以此来实现完整高效的教学目标。

（2）完整进行教学活动，指的是在教学活动过程中将重点放在教师、学生的完整性方面，让教师、学生、家长、社会等主体相互配合，形成优良的主体互动循环；此外，要促进教学内容的完整性，在新课标相关要求的前提下，对学科核心素养教育内容进行细分，促进教学过程更加全面和完整；促进教育教学评价机制的完整化，加强师生之间的配合，建立多元化的合理的教学评价体制机制。

（3）促进教学过程的高效性。是指教师平衡好现实教育教学过程与教学目标之间的轻重，用有限的教学资源实现双倍的教学效果，由此促进实际教育教学课堂朝着高效化不断发展。

（二）可持续发展性

可持续发展性指的是在坚持促进学生全面发展和教师终身教育的基础上，实现高中思想政治课堂的可持续性发展，从而促进高中思想政治教育教学工作的完善。在安排课程内容的过程中，要注重内容的延伸性和灵活性，以此来提高学生的参与感和积极性，共同促进教育格局更加高效、全面和完整。教学方法的制定需要以学生的兴趣特点等为前提，将主动权交给学生，帮助学生积极表达自己的观点和想法，营造自由平等的学习氛围。此外，还要关注教育教学评价机制的发展性，把形成性评价作为主体，将重点放在学生的发展评价方面，让这些评价结果能够为学生的全面发展提供帮助和参考。

三、提升高中思想政治课堂品质的对策

（一）发挥教师的主导性作用

在教的过程中，教师必须发挥其主导作用，引导和帮助学生进行有效的学习，对学生的学习起示范、激励和调整作用。如何发挥主导作用，教师可以从以下四个方面进行尝试：

1. 努力提高自身的理论素养

理论只要说服人，就能掌握群众；而理论只要彻底，就能说服人。理论要说服人，理论本身要正确。实际上，理论要说服人，不仅理论本身要正确，而且掌握理论的教育者对于理论要有坚定的信仰和较高的理论水平。因此，对于思想政治课教师来说，要让学生掌握思想政治知识，教师自身的理论功底和素养尤为重要。我们的思想政治课程需要一支思想政治素质硬、理论造诣深、教学水平高的教师队伍。要求我们的专任教师深入掌握、全面吃透思想政治基本理论，能够把理论成果进头脑、进内心，最终进课堂，进学生的内心。思想政治课程教师要做到真讲、真信、真做。当然，思想政治课程教师理论素养的提高是一个长期学习和研究的过程，必须克服急功近利的心理。在教学过程中了解自己，知道自己的不足，从而提高自己、完善自己，更好地胜任教师这一职业。

2. 提高自身的道德水平

教书育人不仅是教师的职责，也是教师的美德和能力。如果说提升自己的理论素养是教会学生基本的政治理论知识的过程，是教书的过程，那么做到“德高为人范”，则是对学生进行思想政治教育、道德品质方面的养成，培养学生具有良好、健康人格的过程，是育人的过程。只有教师成为道德楷模，用自己的人格魅力感染学生，把课堂教学内容与自己的行为统一起来，才能使思想政治课教学发挥更好的效果。

教师的品德、心理观和学业态度对学生有微妙的影响，为了真正地实现教育的目的，教师必须具有高尚的道德情操，并将学生的品德和精神品质的培养作为教育重点。这也是我们常常提到的教师要“为人师表”。因此，无论是优秀的教育家还是普通的教师，都要经常反思自己，不断地进步，锤炼与锻炼自

己的德行。

3. 促使“情感认同”渗透教学过程

师生之间的交流是基于情感的。思想政治课的课程是知识、情感、意图和行动的综合过程。教育是知识和情感交流的过程，教育要想成功，就需要师生之间良好的情感认同作为基础。鼓励“情感认同”渗透到课程中，教师要对学生形成情感认同，学生对教师同样需要形成情感认同。简而言之，教师必须与学生共情，理解学生，同时也要热爱教师这个职业，热爱教育。为了获得这种相互的情感认同，思想政治教师必须认识到，课堂教学中师生形成的知识和思想的交流是基于师生之间的情感交流。在课程中，教师必须以情感影响入手，鼓励学生主动进行学习，达成更好的学习效果。情感可以作为教育的手段，通过情感互动加强与学生的情感联系，以实现学生与老师的情感认同。学生在学校里、在课堂上的一切学习活动都离不开学生对老师的信任和认可。教师能够容忍学生的缺点，尊重学生的表达权，在学生与老师有冲突时，能够以道理和情感真正说服学生。

4. 教学内容与创造性地教学设计相结合

不断探索高中思想政治教育内容，引领教育行为的创新发展。教育内容和教学方法之间只有达到良好的平衡，才能真正地做好高中思想政治教育教学工作，让高中思想政治教育朝着理想的方向前进。应主要做到以下两个方面：

第一，在高中思想政治教育中培养核心素养能力的基础上，不断整合和补充完善当前教科书中思想政治的内容，营造更有利于师生的教育教学环境和氛围。鼓励更多的教师和有专业学科背景的人员参与到以政治学科的核心素养为驱动力的教科书编辑中来。教师需要知道的是，教科书是根据新课程标准的要求设置的，是特定的教育任务，而高中思想和政治任务是教育活动的特定基础。随着高中思想政治教育改革的不断发展，教科书改革不应该拖延。在实现高中思想政治课本整合的过程中，有必要坚持相应的原则。必须坚持按照新课程标准来进行教科书研究，以实现各种教育资源的整合，并确保与课程相关的知识都纳入进来。注重现实问题、时代特征，在具有中国特色的社会主义新时代下立足思想，设计综合的学习内容，并鼓励学生积极地了解知识、发展技能，通过独立和协作来提高学生们的综合素质。在设计教科书时，仍然需要尊重学生的主观性，关注学生的长期发展，确保他们可以良好地发展自己的核心素质。在设计高中思想政治学科的过程中，应以学生的认知状况和日常实践为重点，强调学生的主观性。在设计一本真正的教科书时，还必须将适用性作为重要的参考标准，以便高中思想政治学科展现自身的能动性。

第二，在教学过程中，应该创新地挖掘教学内容、设计教学行为。在平衡两者的关系时，有必要采用新的课程标准作为实现思想政治课教学模式重组的标准。为了实现这些教育目标，需要注意的是积极实现基于活动的课程创建，倡导以生活为导向的教育内容，发展教育活动的规范化以及以学生为发展目标。在教学过程中，还可以通过案例分析教学法、特定主题的教学讨论法和现场研究教学法进行教学，让知识与现实生活建立联系，并鼓励学生通过协作的方式探索和提出问题。加快学生对知识的消化，提高高中思想政治课的教学质量。作为教育者，我们坚持辨析式学习过程，引入特定主题的教育，建立主题学习环境，并进行各种动态和探索性活动。例如，开展主题讨论，小组合作以及会议讨论等活动。学生们可以通过交流和讨论解决认知冲突、表达思想，还可以在此过程中建立自己的知识体系。

在实现教学选择时，有必要将包容性作为首要因素，使用更多有价值的情境，引导学生从不同角度全面地思考问题。在教学过程中，为学生建立与现实生活相关的情境，从而进行全面而深入的分析，使学生能够锻炼自己的问题技能。开展真正的社会实践活动，鼓励学生积极理解现实世界的知识，懂得运用知识去解决问题，实现对学生各个方面的教育。

（二）发挥学生的主体性作用

教学是教师“教”和学生“学”的统一活动，要优化教学的基本要素，优化“学生”这一要素也必不可少。学生是学习的主动者，在学习活动中占主体地位，优化学生要素，从某种意义上来讲就是要发挥学生的主体性作用，使思想政治课教学取得良好的效果。

（1）激发学生的主动性，实现“我要学”。学生是教学的主体，要让学生积极地参与到教学过程中，就必须激发学生的学习兴趣，变被动学习为主动学习，实现“我要学”。学生对学习有了兴趣，学习活动对他们而言就不是一种负担，而是一种享受、一种愉快的体验，有兴趣的学习往往事半功倍。“我要学”是学生对学习产生一种内在的需要，这种需要的产生离不开思想政治课程教师切合学生实际，采用多种方法激发学生的学习兴趣，让学生广泛参与课程教学，变被动为主动，让学生在愉悦的气氛中掌握知识、提升素质。

（2）提高学生学习的独立性，实现“我能学”。独立性是现代学习方式的核心要素，它的突出特点是“我能学”。它表明每个学生都有外显或潜在的学习能力。学习是人的潜能，教师不能低估或者漠视学生的这种内在潜能。只有充分发掘学生的学习潜能，并创造各种机会，才能让学生发挥自己的独立性，培养独立学习的能力。在传统的思想政治课程的教学中，受教育者主体地位缺失，被当作消极被动的客体。教育者讲课不看对象，自说自话，而受教育者只是服从。要想改变这种尴尬局面，必须重新界定教育者与受教育者在整个教学活动中的地位。思想政治课的教学必须以学生为本，确立学生在教学中的主体地位。学生不仅是思想政治教育过程的接受主体，也是内化教育教学内容，进行自我教育的主体。思想政治课教师应该摆正自己在课程教学中的位置，做到尽职而不越位，出手而不牵手。教师在整个教学过程中居于主导地位，但是这种“主导”从某种意义上来讲是一种学习上的指导、方向上的指导。通过这种恰到好处的指导，直接或间接地为学生提供学习上的帮助，提高学生学习的效率，从而实现教学的有效性。

具体来说，思想政治课程教师应该尝试给学生时间，让学生充分自学；给学生机会，让学生充分讨论；给学生自由，让学生充分质疑。当学生遇到困难时，教师尽量不要代为解决，而是给予一定的意见咨询和充分的精神鼓励，让他们自行思考。教师要相信学生自身具备分析和解决问题的能力，真正实现“我能学”。

（3）提高学生学习的自主性，实现“我会学”。在思想政治课程的教学中，除了让学生实现“我要学”“我能学”之外，还应该提高学生学习的自主性，实现“我会学”。自主性学习，是指学生根据自己的认知水平和需要，自己确立学习目标，选择适合自己的学习方法，自觉控制学习状态，实现“我会学”。换言之，思想政治课程教学改革，要通过课程教学一方面让学生“想学”“能学”，另一方面还要帮助学生“会学”，帮助学生掌握科学的学习方法，增强学习的信心和学习的积极性，从而更想学。教学要使学生学会知识，更重要的是引导学生会学。学生一旦掌握了科学的学习方法，就可以广泛地获取知识，从而获得自主发展和可持续发展。例如，教师可以要求学生养成良好的学习习惯：制订学习计划、进行学习总结、做好笔记、大量阅读等。让学生养成这些良好的习惯，对其学习是至关重要的。

（三）营造良好的校园环境

1. 学校要完善教学资源

学校在提高高中思想政治课堂质量上的作用非常重要，而改善相关教育资源和课程的价值也是巨大的。在学校思想政治教育与课程的设置上，应该注意以下四个方面的内容：

第一，学校必须结合地方特色，实现地方学校课程资源的开发。换句话说，学校必须结合当地实际，结合学校、区域、教师、学生的特色，找到真正的高中思想政治教育的优势，指导课程资源的开发，使其具备本地特色化。这样的优势在于，有关学生和学生熟悉的故事渗透到了课堂教学的内容中，学生可以更快地利用他们所学的知识来解释这种现象。课堂内容与当地文化特征的联系更多，使学生在经验、意识和价值判断方面有更深的体会。

第二，注重高中思想政治教育的创新，充分利用多媒体资源在实践教育和教育学中的作用，使高中政治教学内容更丰富。学校应该重视基础设施建设，对高中思想政治教育进行多方式的多媒体资源开发，并为教师开展相关技能的培训，通过使用信息技术来扩大教育范围。在教师掌握信息技术后，能够更方便地开展教学。在高中思想政治课程中，应处理好多媒体技术与教学之间的关系、教学内容与媒体技术之间的关系以及教师在多媒体技术中的关系，为高中思想政治教育提供相关的教学指导，让高中思想政治课程朝着更丰富的方向发展。

第三，通过信息技术来完成高中政治课程教育资源库的建立。要以现行的高中教科书为基础，制订资源库并建立标准，整合更多重要时事和政治信息，实现市政课程资源的持续发展，为实际政治教育设定目标。课程教育资源应依照模块开发的方向发展，依靠信息技术来实现资源库的改进，通过组建专门的团队，让高中政治课程教育资源库的资源不断更新和完善，不断提高高中政治课程资源的数字信息水平。建立通用的资源库后台操作系统，确保在实际教学中师生能获得更扎实的信息支持。

第四，在开发高中政治课程教育资源和课程结构调整的过程中，应该始终以学生为主，教师需要知道如何在日常教育和课程中选择合适的教学内容设计教学活动，从而落实教学，达成教学目标。在课堂上，小组可以就各种问题进行讨论，对已经获得的信息进行筛选，最终获得答案。实际上，教育就是一个互动的过程，老师与学生之间会互动，学生与学生之间也会互动。师生们共同参与、尊重学生的独立性、采用正确的学习方法、不断完善学生的思维方式，这都是影响学习效果的重要因素。在教育资源的开发过程中，真实的资源可以反映学生的思维意识，这对于激发学生的积极性非常重要，高中思想政治教育工作者不应该忽视这一点。

2. 形成多元丰富的校园氛围

高中思想政治教育质量的提高也需要多样化和创造性的氛围和环境，这属于影响教学效果的外部因素，但在某些情况下可以发挥重要作用。考虑到高中思想政治教育的现状，实际教学效果不高，与校园氛围有一定联系，要改变这种状况，必须从以下四个方面来积极开展工作：

第一，注重高中思想政治课程教师专业素质的不断提升，确保其成为校园思想政治教育氛围和环境创造的重要行为主体，实现教育教学活动思路的拓展，使得校园教育教学活动质量朝着更高的方向发展。比如，教学过程中的课外活动设计。教师必须明确课外活动的目标，树立正确的价值观念，让学生在活动体验中形成正确的人生观、世界观和价值观，指导学生用思想政治的视角去看待生活。只有学生的科学素养得到了提高，学生才会成为未来社会发展的基础。在课外活动过程中，教师应明确学生的发展是基本要求，应重视人文精神关怀，并应不断提高他们的素质和实践活动的质量，鼓励学生积极参与进来。随着思想政治实践活动的不断开展、行动方式的不断优化，思想政治教育取得长足的发展和进步。

第二，建立思想政治兴趣小组，激发学生学习兴趣。可以帮助学生开展有关思想政治教育主题的各种活动，还可以让学生在小组中，根据课程中的问题进行更深入的讨论。除此之外，也可以以生活现象的讨论为主题，实现思想政治理论知识在生活中的应用，引导学生分析时事政治，实现政治理论的应用素质训练。每个学习小组可以设置自己的活动规则，定期进行活动，深化所学的思想政治内容，让学生更深刻地掌握思想政治，完成真正的思想政治教育，朝着更理想的方向发展。

第三，学校应专门安排相应的教育和教育评价活动，以提高学生的思想政治素质，鼓励教师不断尝试和探索，并根据经典的教育案例进行教学为目标。通过深入全面的探究，进一步加深对高中生思想政治教育教学知识的理解，从而提高思想政治教育的理论成果。除了专门的教学之外，老师应该积极开展教研，可以开展的讨论还包括对思想政治核心素养的理解、核心素养的实践、实现独立探究学习模式的途径以及其他问题，使整个思想政治的教学更完善。将思想政治素养内化到教学活动中，学校最好将这些活动与教师的先进表现联系起来，使他们能够更积极地提高思想政治学科质量，这对于思想政治教育指导很有用，这是思想政治教育可持续发展的重要因素。

第四，校园要开展思想政治实践活动，如辩论比赛、情境模拟、角色扮演、知识问答等，以实现学生们的思想训练。这些互动活动对学生思想政治的学习起到积极的促进作用，可以激发学生的学习热情，学生可以更深刻地理解思想政治理论，并学会运用所学理论去解决生活中的实际问题。当然，在进行尝试以后，还可以根据效果建立活动周和活动月度机制，以促使更多的学生参与进来，不断提高思想政治教育实践活动的影响力，并在影响力不断提高的过程中，让高中思想政治教学的质量也得到不断的提高。

第五节　高中思想政治课堂语言策略

课堂教学过程就是知识传递的过程，在整个课堂教学过程中，各科知识的传递，学生接受知识情况的反馈，师生间情感交流等，大都依靠教学语言来实现。对于利用课堂来传播知识、教育学生的教师来说，富有艺术性的课堂教学用语无疑是十分重要的。

一、思想政治教学语言技能的基本要求

（一）课堂教学语言要规范、简洁、准确

教师是知识的传授者，是学生获得知识的直接途径之一。因此教师规范的语言、准确的表达对学生获取准确的科学知识有至关重要的作用。教师规范的语音和语言在整堂课的教学中起着举足轻重的作用，它直接关系到一堂课的成败。

（1）教师课堂用语要规范。教师在课堂教学中所应用的语言要合乎现代汉语的规范和要求，把话讲通、讲好。教师的教学语言基本功要求教师要使用国家规定的普通话进行教学。词汇方面一般不用方言词和学生不懂的古语，更不能自造生词；语法方面，句子或语段语序或词语的搭配都需符合普通话的语法习惯。因为青少年的语言训练非常依赖教师的培养，所以教师规范、准确的语言必将有利于学生的语言训练，否则会误导学生。

（2）教师课堂用语要简洁。言简意赅的句子，一经了解就能牢牢地记住，所以教学语言表达要具有简洁性，即要言简意赅，干净利落。

（3）教师课堂用语要准确。教师规范的课堂用语还表现在知识的传授上。教师在传授知识的过程中用语一定要规范，传授的知识也必须准确无误，绝对

不允许有概念不清的现象出现。如果用词不当，逻辑混乱，必将影响知识信息的有效传递。

教师准确的课堂教学用语依赖于教师对教材深入地钻研和细致地分析。弄清要讲的知识的来龙去脉，掌握其确切的含义及规律，精心组织教学语言，确定怎样开头，怎样过渡，哪些应该先讲，哪些应该后讲，哪些应该贯穿课程始终，最后应怎样结尾。这样，思路井然有序，讲解就会条理清晰，使学生在重点、难点、疑点等关键问题上能够得到透彻的理解。从而使课堂教学取得最好的效果。

（二）课堂教学语言要生动形象

教学语言既非书面语言，又非口语，它必须生动形象、通俗易懂，并能让学生听得有滋有味。教师应使抽象的概念具体化，使深奥的知识明朗化，用自己深厚的文化底蕴教给学生丰富的知识素养，通过驱动学生的想象来达到培养学生能力的目的。

1. 课堂用语要生动

课堂教学中生动的语言能使学生聚精会神地听讲。讲授时，要时而用亲切明快的叙述性语言；时而用简洁朴实的说明性语言；时而用绘声绘色的描述性语言；有时还要用精辟透彻的雄辩性语言。再结合教学内容插入一些发人深思的典故、名言等，能使讲授更富有趣味性。

教师生动的课堂教学语言还体现在充满激情的讲解上。在课堂教学中，教师要带着饱满的热情讲课，做到情动于内、形之于外。教师还要善于创设情境，激其情、启其疑、引其思，使学生心理处在兴奋状态，提高学习效率。

当然语言的生动、形象，是为了学生更顺利地寻求知识、获得能力，绝非大讲笑话之类，更不能以低级趣味来迎合学生。如果言之无物、虚张声势，即使语言技巧上花样翻新，也不能称之为生动、形象。

2. 课堂用语要形象

形象性的语言既精彩直观又活泼有趣，形象的语言更能打动和深入人们的心灵，更能占据其心田。形象有趣的语言可以把深奥的事理形象化，把抽象的事物具体化，再现教材内容，使学生产生"如临其境""如见其人""如闻其声""如睹其色"之感。

教师在课堂教学中使用的生动形象的语言就像一杯浓缩知识的醇酒。它凝聚着知识的精华，给予学生深刻的启示和隽永的回味，使学生更牢固、更深入、更全面地掌握知识。

课堂教学效果的好坏，虽然受多种因素的影响，但教师的语言艺术在整个教学过程中有不可忽视的作用，是提高课堂教学质量的重要手段，应该引起广大教师的高度重视。当然，语言毕竟是一门艺术，要掌握这门艺术并使之熟练化是不容易的。教师必须具有强烈的责任感和使命感，尽自己最大的努力去对待这份教育工作。

二、思想政治教学体态语言技能

语言是最重要的教学工具，而体态语又是广义语言中的重要组成部分，因此，体态语也就成为教学的重要组成部分。所谓体态语，是指人在交际过程中用来传递信息、表达感情、表示态度的非言语的特定的身体态势。而体态语能力，指的就是教师在课堂教学过程中运用体态语进行教学的能力。

（一）眼神语

眼神语，是指通过眼神来传达信息的态势语言。眼睛是心灵的窗口，一个目光、一个眼神可以传达很多的信息，学生完全可以从教师的目光中捕捉到教师对自己的态度。在体态语教学中，教师的眼神是沟通学生的重要纽带。瞳孔的收缩与放大，既与光线刺激的强弱有关，也与心理活动机制有关，而且瞳孔的变化是无法自觉的、有意识地加以控制的，眼神势必会透露内心的秘密，所以不同的眼神就会诠释人们不同的思想。

眼神具有很多内涵，有表扬、赞同、欣赏之意，也有批评、否定、讨厌之意，在教学中，教师要明确自己对学生的态度，然后通过正确的眼神传递给学生。教师在运用眼神语时有以下三种方法：

1. 环视法

环视法，指的是教师的目光要能够扫射全体同学，眼神要能够正视每一位同学。教师站在讲台上讲课，对学生来说会有一种居高临下的威慑感，学生本能地会因为对教师的这种畏惧而遵守课堂纪律，但是，如果不能让学生感觉到教师除了讲课以外还一直在关注着自己的话，那学生就会开小差、做小动作，而不认真听讲。只有让学生知道教师一直都在关注着自己，那他们才会有所收敛。

所以教师运用环视法有两个好处：一是可以及时从学生的或明白或疑问的表情中了解到他们听课的情况，获得当堂的教学反馈，从而有助于教师及时调整自己的课堂教学计划；二是可以减少学生走神、说话、做小动作等情况的发生，从而很好地维持课堂教学秩序，督促学生认真听讲。

2. 虚视法

虚视法，指的是教师在教学中，对于那些学习成绩较好但偶尔“开小差”和自尊心较强的这两类学生，采取似看非看的办法，来引起他的注意。学习成绩比较好且平时上课比较认真的这些学生，在他们的内心中就有一种自我良好的优越感，对教师也有一种亲密感，而且他们也只是偶尔会跑神，如果教师对他们的注视时间较长，或直接点名批评，会让他们的自我优越感缺失，对教师也就有了由于自己犯错而产生愧疚的距离感；还有一类学生，属于自尊心很强的学生，对于别人对自己的言行有很大的敏感度。对于这样的学生，教师同样不能采取直接明显的措施，而要采取这种委婉的眼神提醒法才可以保护学生的自尊心。这样做，学生是能够感受到教师的良苦用心的，所以他们在自责的同时还会对教师产生感激之情。

当然，这种虚视法要在学生自己能够看到或感受到教师委婉提醒的前提下，才会产生应有的作用。如果学生自己根本就没有注意到教师的提醒，继续做与上课无关的事情，那教师就要视具体情况采取其他措施了。

3. 专注法

专注法，指的是教师在教学中根据某种需要而把视线短暂地停留在教室的某一处或个别同学身上的方法。它是眼神语中最为有效、最富内涵的一种方法。这种方法见效比较快，教师可以及时直接地向学生表明自己的态度，让学生准确地接收到信息，并快速做出改正的反应。

教师专注批评的眼神，可以直接明显地制止个别学生走神，提醒其注意听讲；教师专注信任的眼神，可以鼓励学生相信自己，大胆发言；教师专注鼓励的眼神，可以让考试失利的学生重新振作。在因材施教、因人施教的过程中，教师尤其应注意用好这种方法。

教师在运用眼神这一体态语时，要切忌目光散乱、游离不定，要与学生对视；要注意视线接触的角度，一般来说，正视代表平等，俯视代表爱护，斜视代表不屑，同一种眼神在不同的语境中会有不同的意义，教师要根据具体情况，采取适宜的视线接触角度。

（二）表情语

表情语，是指通过脸上的五官所产生的面部表情来传达信息的态势语言。根据中医理论，人的面部汇集了五脏六腑之精气，是肺腑之外窍，能够准确地展示人的内心活动，表达丰富复杂的思想感情。面部表情就是一个人的喜、怒、忧、思、悲、惊等心理的外在显示。面容时而微笑、时而咬唇、时而皱眉、时而抽泣等，这些都是表情语。

在教学过程中，教师要善于运用表情语来传达自己的喜怒哀乐。比如当教师教授课文时，要根据不同的课文内容及时地调整自己的面部表情，讲到高兴处，则眉飞色舞，笑逐颜开；说到伤心处，则蹙额锁眉，悲伤沉痛。这样，教师既能通过面部表情来带动学生的情绪，渲染课堂气氛；同时也把教材中要表达的情感通过自己的面部表情形象具体地表现给学生，有助于学生对教材的理解。当教师提问时，如果学生对所提问题答非所问，教师可以轻轻皱眉，以表示请学生继续思考；如果学生回答令人满意，教师可以微笑着点头，以示赞许；如果学生一时不能回答出问题，教师可以将手轻轻下压，示以理解和宽容。

教师在表情语的运用中，要特别注意使用微笑。因此，教师要用爱的微笑去征服学生的心灵，微笑能告诉学生，自己很愿意把知识教给他们；微笑能告诉学生，自己很爱他们，对他们从心里喜欢；微笑能告诉学生，自己与他们相互平等。这种师生双方的微笑既能提高教学效率，也能增进师生之间的情感，促进良好师生关系的形成。

（三）手势语

手势语，是指通过手和手指、手掌、拳或手臂等动作来传递信息的一种态势语言。人们在说话或沉默时往往会不自觉地加上自己的手势，借手势的动作或力度来传达自己的感情，如生气时会紧握双拳，高兴时会手舞足蹈，思考时会手托下巴，等等。不同的手势能反映出人不同的内心活动，是人们情感的肢体表现。

1. 手势语的象征意义

在教学中，手势语是多种多样的，从总体上来看，大致分为以下三种：

（1）象征性手势。象征性手势，是用不同的指形来表示不同的事物的大小、高矮等形状的手势。如伸出食指，表示具体的数字“1”，再如说一个人有多高，可以把自己当作标尺，用手在自己身上比，把手放在高出自己头顶的地方，表示比自己高，放在自己头顶以下的地方，表示比自己矮，从而让旁观者知道这个人大体的高度。

（2）会意性手势。会意性手势，是用来表示特定的情感的手势。如把食指竖起来放在嘴上，表示“不要讲话”；手挠头皮，表示“怎么办”；伸出食指和中指构成“V”，表示“成功”；把大拇指和食指围成一个圈，同时伸出其他手指，构成“OK”，表示“顺利”。革命时期，领导人在讲话时，往往是左手叉在腰间，右手果断而有力地向前推出，表示对革命必胜的信心。

（3）指示性手势。指示性手势，是用来指示具体对象的手势。这种手势带有明确性和具体性，如用手指具体的人，表示“你、我、他”；用手指自己的脚下，表示“这里”；手指向外指，表示“那里”。

由上述三种代表性的手势语可知，手势语在课堂教学中，不仅有助于有声语言的陈述说明，而且可以增加有声语言的感染力。

2. 运用手势语的注意事项

值得注意的是，不是所有的手势都能产生很好的效果或达到预期的效果，所以在教学过程中，运用手势语要注意以下三点：

（1）手势语要和授课的内容相一致。教师必须明确，做手势是为了让学生更好地明白教师授课内容的意思，所以手势语要和自己的言语相一致，相协调，不能自己口中讲的是一套，做出来的手势却是另外一套，两者“南辕北辙”，学生不明白到底是要认同教师的言语内容，还是应该认同教师的手势，会使学生在思想上产生混乱。这样，既不利于教学，也会使学生对教师的教课水平产生怀疑。所以，教师要根据授课内容准确地作出相应的手势，需要手势强而有力时就不能软绵绵的；需要迅速时就不能拖拖拉拉；需要柔软舒展时就不能匆匆收场，这样，即使学生不是完全明白教师所讲的意思，通过手势也能晓得其中的情感了，所以这种辅助很重要。

（2）手势语要适量适度。适量指的是教师在课堂上不宜运用过多的手势，手势过多会让学生看起来比较繁杂、比较混乱。所以，只有在关键或比较重要的地方，为了突出重点，让学生加深印象才运用手势。但是手势动作也不要太少，太少会让课堂比较沉闷，无法带动学生的热情，所以量的问题要注意。适度指的是教师手势活动的区域范围要适当，幅度大小要适当。一般而言，教学手势上不要过头，下不要低于胸，主要在肩部和胸部之间活动，而且，动作既不要太大、太夸张，也不要太小而引不起学生注意，度的问题也要注意。

（3）避免消极手势。教师在运用手势时，要避免运用消极手势，教师的消极手势主要分为两种：提醒式手势和习惯式手势。提醒式手势包括直接用手指点学生；用粉笔投掷学生等，教师希望通过这种直接方式来引起学生注意，让其好好听课，初衷是好的，但那是做法却欠妥当。因为用手指人是一种公认的不礼貌的行为，教师这样做会让学生感觉教师不尊重他，从而对教师产生厌烦感。习惯式手势包括揉眼睛、抠鼻子、掏耳朵；敲桌子；理头发；把手插在裤兜里，这些是教师自身在日常生活中的习惯性动作，作为教师，为人师表，这些习惯最好不要带到课堂上。要知道，教师在讲台上的一言一行，学生都全部看在眼里，出于崇拜心理和榜样心理，学生会不自觉地模仿教师的言行，所以，这些与教师授课能力无关的消极的生活性习惯要避免出现在课堂上。

（四）体姿语

体姿语，是指身体在某一场景中以动态或静态姿势传递信息的态势语言。主要有以下四种：

（1）首语。首语是指通过头部活动来传递信息的态势语言，主要包括点头、摇头、头部倾斜。点头的肯定可能比有声的表扬更具鼓励性，沉默的摇头也可能是一种含蓄的否定，而头部倾斜有可能是对学生的回答还有质疑，希望学生能够继续思考。每一个头部动作要表达的意思都比较简单，学生都能心领神会。首语对于学生理解教授内容是有帮助的，可以让学生在无声中及时明确自己答案的正确与否。

（2）站姿语。站姿语是指通过站立的姿态传递信息的态势语言。在人的日常生活中有很多的站姿，如天安门的国旗手腰板挺直地站立；精神萎靡者驼背双腿弯曲地站着，不同的人有不同的站姿，教师也应该有属于教师自己的站姿。教师在讲课过程中，不要过于靠近黑板或是讲桌，过于靠近黑板不利于教师看讲义，过于靠近讲桌又不利于教师写板书，要站在讲桌和黑板之间；讲课时，教师要正面与学生对视，不能侧身而站，否则会让学生感觉教师准备不充分或信心不足，而且也不利于教师目光扫射全体同学；除了要正面面向学生，教师站立时双腿的具体姿势也要注意，双腿不要像国旗手一样笔直，会显得比较呆板，也容易疲劳，可以双腿微微分开或稍稍弯曲，这样既能够有助于自由灵活的走动和其他体态语的协调运用，也能使自己在微量运动中求得休息。

教师在板书时，不要把整个后背留给学生，而是要侧身，既能关注学生，又能板书。这样，学生就不会认为教师背身，自己就可以放心地做小动作。

学生在回答问题时，教师身体要微微前倾，以表示自己对学生的回答感兴趣，也表示自己正在认真地倾听，显示出对学生的尊重，让学生感到自己得到了教师的重视，激发学生回答问题的积极性。

（3）步姿语。步姿语是指通过各种行走的姿态来传递信息的态势语言。讲课时，教师可以在讲台上小范围地来回走动，以配合讲课的内容，或配合其他体态语，可以缓缓移动，也可以稍快速地走动。学生读书、思考、做练习时，教师可以走下讲台，在教室内来回走动，这时，教师的步子应以轻、慢、静为宜，以免打扰学生分散学生的注意力。

（4）距离语。距离语是指双方以空间距离远近的不同来传达不同信息的态势语言。双方距离越近代表彼此越亲密，反之亦然。适当的时候可以通过触摸这种零距离接触，拉近师生之间的距离。

（五）仪表语

仪表语，是指通过服装、发型、配饰来传递信息的态势语言。它是一个人人格、个性、情感、观念等的外在体现。不同的人在不同的场合需要不同的仪表，作为教师，服饰打扮就要庄重，大方得体，不能花里胡哨，也不能邋里邋遢；化妆要清新自然，不能浓妆艳抹；配饰要简单普通，站有站样，坐有坐样，给学生以简单大方的美感。

第六节　高中思想政治课堂课后巩固策略

一、议题式教学策略

议题式教学是指以商议、辩论为阐释、辨析和解决问题主要方式的教学方法，它以培育学生核心素养为中心。议题式教学可分为三类：（1）“是什么”之议——描述与分类；（2）“为什么”之议——解释与论证；（3）“怎样做”之议——预测与选择。议题式教学显性流程是描述—论证—决策。作为一种新型教学方法，议题式教学具有其独特的意义。

（一）议题式教学的意义

（1）营造开放民主的氛围，促进师生互动。在议题引入和讨论的过程中，教师需要以对话的形式与学生进行沟通交流，使得学生有更多表达自己的机会。同时，议题是由存在争议或具有不确定性的问题所组成的不明确的复合体，这使得议题无固定的答案，也无明确的对错之分，学生可以自由表达自己的观点而无须拘束。但学生表达观点时不能漫无目的，教师需要在这个过程中扮演引导者的角色，一方面引导学生敢于表达自己的观点；另一方面引导学生紧扣议题，通过提问、质疑等方式，使学生不断深挖其中的思想政治学科知识。议题式教学可以改变传统以教师为中心的课堂教学模式，为课堂营造开放、民主与和谐的氛围，让师生在充满生命力和趣味性的课堂上欢乐学、轻松教。议题式教学关注了学生情感，发展了学生个性，发挥了学生的主体性，为学生的身心健康成长提供了新途径。

（2）引导学生深入思考，增强思辨能力。一个成功的课堂，必定是有思想、有辨析的课堂。因此，在高中思想政治课堂教学过程中，引入具有思辨性的议题，才能够真正让学生思维动起来，产生思维的火花。学生通过寻求议题产生的原因，思考解决议题的策略，从而引发质疑、批判、辨析、联想和发散等思辨过程，并通过议题讨论、观点碰撞、思维交流与理性表达等环节，在多种观点冲撞的基础上拓宽思路、深入探究，进而解决问题。在高中思想政治课中引入议题，有利于学生发展自主辨析、深度思考与思辨的能力。

（3）理论联系实际，引起情感共鸣。高中思想政治课是教师用一定的思想观念、政治观点和道德规范，对其成员施加有目的、有计划与有组织的影响，并促使其自觉地接受这种影响，从而形成符合一定社会、阶级所需要的思想品德的社会实践活动。因此，高中政治课教学的重要目标就是引导学生内化书本原理知识背后所蕴含的情感、态度和价值观。议题式教学在升华高中生情感、态度和价值观方面具有重要作用。

高中思想政治课教学内容属于间接性知识范畴，多为我国经济、政治、文化和社会等领域基本原理，具有一定的抽象概括性。而议题来源于我们的实际生活，是课堂中最直观、具体和形象的现实材料。学生对议题进行讨论、思考和辨析的过程有利于学生将理论与实际联系起来，感受到思想政治学科知识不是虚无缥缈的概念，而是与客观实际相符的且有助于现实生活改造的重要工具。同时，学生间观点的交锋与碰撞能帮助学生逐步内化议题导向的情感、态度和价值观。

（二）议题式教学的课后巩固策略

为促进议题式教学顺利进行，课后教师可以组织学生开展小组合作，分解议题任务，使学生了解议题背景，从而拓展议题的深度和可议性。如在《经济生活》中的“经济全球化”一课中，教师可引入议题——经济全球化是鲜花还是陷阱？之后引导学生围绕议题，分为若干小组，每小组成员不超过六个，分别承担发言人、议题信息收集人、议题信息分类整理员、议题讨论记录员和议题讨论统筹组长等角色。小组成员要人人有职，人人有责。这既可以让学生感到来自小组的责任，又能让学生感受参与其中的乐趣，从而提高学生的团队协作能力。小组合作的有效开展有利于改善传统高中思想政治课以教师为中心的教学模式，可以激发学生的兴趣和积极性，使学生在合作中获得知识并培养能力，促进学生情感、态度和价值观的升华。

随着新课程改革的不断深入，高中思想政治课堂上实施议题式教学的优势日益凸显。议题式教学作为一种新型的教学方法，符合我国新课程标准中培育学生核心素养的需要，不仅可以激发学生学习兴趣，而且有助于增强学生的团队协作意识，促进学生深度学习和自主生成知识，是值得当今教师学习和实施的教学方法。

二、活动型课程策略

高中思想政治活动型课程与传统理论性课程相比具有显著的不同。活动性课程不提倡提前预设教学目标，课程设置的主要目的是引导学生，促使学生主动参与到有目的的教学活动中。活动型课程又被称为学生中心课程和经验课程。活动型课程将满足学生的兴趣爱好，促使学生个性答到发展为重要的教学目标。此种类型的课程在构建中需要秉持相应的原则，注意充分体现出学生在活动型课程中的主体地位，在教师引导下培养学生的闭队协作能力。高中思想政治学科活动型课程的构建方式有多种，如讨论式、观摩式、课题式以及辩论式等。高中思想政治活动型课程的构建可促使学生理论知识得到内化，真正验证授人以鱼不如授人以渔的道理。

（一）活动型课程的构建意义

一是有助于转变学生学习理念，增强学生学习能力。学生受传统教学理念和教学方式的影响，普遍缺少主动学习和独立思考意识，这对学生综合素养的提升是非常不利的。而思想政治学科核心素养下构建活动型课程可以促使学生原有的学习理念得到转变，学生参与相关的实践活动可以拓展自己的思维想象力，对于促使自身学习潜能的激发具有重要意义。而且在此基础上还可以提高学生的学习能力。

二是有助于培养学生实践意识，提高实践能力。真理的产生离不开实践。实践与理论是紧密结合在一起的。高中思想政治课堂中学生将学习到的理论知识应用于实践，可以提高自身学以致用的能力。此外，学生参与相关的实践活动可以增强自身的操作技能，对于合作意识、创新意识、动手操作等各方面的能力提升均有重要意义。

三有助于促使学生养成良好的德行。立德树人是我国素质教育背景下各个学校都需要明确的教学目标。高中思想政治是对学生进行德育的重要途径。学生参与相关的活动型课程可以培养自身的公共参与意识，对于强化学生的社会责任感，提高学生的品德素养具有重要意义。尤其是教师要组织学生参观相应的历史文化博物馆，期间可以增强学生民族自豪感和自信心，对于强化学生的爱国之情具有重要意义。

（二）活动型课堂的课后巩固策略

高中思想政治学科核心素养下构建活动型课程需要教师充分利用好课外教学平台。只有将思想政治理论学习内容与学生的生活实践相结合，才能促使学生真实感受到本学科中的核心素养，增强自身的社会主义核心价值观。

一是在学科素养指导下构建校内实践活动，将校区模拟成生活区，并设置相应的社区岗位，让学生选择自己感兴趣的岗位，在模拟岗位职责中为他人提供服务。期间可以培养学生的责任意识、奉献他人、服务他人的意识，能强化学生的社会公德。

二是在学科素养指导下构建校外实践活动，校外实践活动与校内实践活动相比教育资源更丰富。学生置身在社会这个大课堂中可以感受到真实的社会实践活动，对丰富学生的生活经验，促使学生健康成长具有重要意义。比如在教师的组织下学生可以参加社会志愿者活动、社会调查访问活动等，强化对中国特色社会主义的理解，践行自身的社会主义核心价值观。教师也可以带领学生参观一些革命历史博物馆遗迹等增强学生爱国主义教育内容，培养学生的民族精神，增强爱国意识。举例来说，教师组织学生以社会调查为主题构建活动型课程时，可以按照以下步骤进行：首先确定调查主题，其次划分调查小组，然后搜集相关资料并整理分析；最后撰写调查报告得出本小组的调研结果。

三、理论知识的复习与巩固

（一）理论知识复习与巩固的意义

步入高中阶段，学生的思维水平趋向成人水平，学习方法、答题技巧呈现稳定化趋势，这个阶段需要教师从旁协助，引导学生更全面的认识自己，从而找到一个更适合自己的学习方式，培养良好学习能力，为之后的学习、生活打下良好的基础。

复习，顾名思义，就是把学过的知识经验等重复、概括、提炼、构建成新的知识经验，达到灵活运用、举一反三的效果。这是一个提升学生记忆力、培养学生概括能力、提升学生逻辑思维能力的过程。思想政治的复习，是学生在成长时期的特殊阶段，教师引导学生巩固庞杂的思想政治知识，系统性的整理知识并全局把控，查缺补漏，举一反三，触类旁通，最终帮助提升学生的知识概括能力、自主复习能力、思想政治素养的过程。

高中思想政治知识复习内容广泛，如此繁多的知识，亟需巩固、系统化理解识记，查缺补漏，温故知新。教师也要引导学生内化知识，提升能力。基于以上内容，总结其复习需要注意如下内容：

（1）巩固性。复习能使学生深刻识记旧知识，并从中得到新的理解和感悟。把旧知识巩固好，是复习的第一步，也是最基础的一步。艾宾浩斯的遗忘曲线提到的遗忘速度是先快后慢，遗忘材料是先多后少的特点，初中语文知识的复习，需要及时有规律的巩固，这是复习知识的必由之路。

（2）高效性。复习就是高效的另一种表达方式，高中思想政治知识的复习就是在短时间内或是有限的时间内将旧知识理解、识记、运用的过程。很显然，高效性使其追求的目标是要求，同时也是特点。高中思想政治知识的复习体现在课堂上就短短几十分钟的时间，课堂上教师的引导，学生的活动就显得分秒必争，这些看似消耗时间的因素必须更高效的为高中思想政治复习的内容服务。高中思想政治知识的复习要更有条理、核心，紧密结合高中生阶段特征、课堂状态、复习知识特点，灵活调整选取恰当、高效的教学技巧，让课堂艺术的遗憾压缩到最小。语文课堂上的复习更高效，才不会过度占用学生其他科目的学习时间，更不会掠夺高中生宝贵的休息时间，最终让学生复习高中思想政治知识更高效，这种高效复习观念深入人心，才是最有价值的复习。

（3）系统性。高中思想政治知识高效的复习离不开知识的系统化，在巩固知识的基础上，使其系统化，才能更进一步的深刻理解它，达到触类旁通的效果，为创造性的建构新知识的可能埋下种子。系统化高中思想政治知识是一个高效复习的过程，通过横向对比知识，纵向深化知识，多角度构建复习脉络，创建更具价值的网状知识复习系统，让高中思想政治知识的复习更具网格性与多样化，贴近高中思想政治知识丰富性零碎化的原貌。高中思想政治知识虽然内容广泛，但交叉联系，像网状一样错综复杂，所以复习时提取知识的共性，多角度寻找出串联知识的脉络线索很有必要，或是以模块角度系统化复习知识，或是以单元角度系统化复习知识等。系统化的关键是抽丝剥茧寻出合适恰当的网格线、核心知识点等起提纲携领的因素，将高中思想政治知识分类组合，复习时化繁为简，既不失其丰富性又更具逻辑系统性。

（二）思维导图的构成与特点

1. 思维导图的构成

思维导图就像是把个体的想法、思维用一张图画展现在面前一样。虽然思维是发散的，提倡无限性和借助天马行空的想象力，但是思维导图有一些固定元素构成的：

（1）文字。一张思维导图会出现很多提示词语，这些文字需是提炼过的或者有标准意义的词语。最中央的文字是最核心的词语，以它为例，展开想象、发散思维，之后每层级都会出现与上层级有逻辑关系的文字。这些文字、词语最终在刺激—反应的联结起着一个特殊符号的刺激、提示作用。

（2）图画。思维导图的新鲜、生动之处就是文字之余可以配上个性化、符合文字或整张图基调的图画，个体可以按照自己的生活经验绘制独一无二的图画。图案与文字具有同样的提示作用。

（3）颜色。颜色的选取也展现个体思维导图的独特性。在绘制图画、线条时用多彩的颜色加以区分层级，展现个性化的思维导图。

（4）线条。线条不是单板的直线，是自由的曲线，线条位于文字、图画之下。线条分粗细，由中心向四周逐渐变细。线条可将思维导图的逻辑性、发散性具体呈现出来。

2. 思维导图的特点

（1）图文并茂。最吸引眼球的是图文并重，无论是手绘还是用软件，文字、图画、颜色是最吸引人的，也是最具特色的。文字是思维导图的核心，文字不是句子，是凝练的字、词语和短语。图画的绘制要结合内容所需，亦要有趣生动和夸张大胆。关于颜色，个体根据自己的意愿，选择喜欢的颜色，填图心中所想之颜色。总而言之，整张思维导图绘制出来，是结合人们实际所需，图文并茂，生动形象，便于自己总结识记。

（2）发散性。思维导图是放射性思维的表达，这种放射性思维具有发散性。思维导图就是把发散思维可视化过程，呈现的结果就是一张由中心向四周无限延伸的一张网状图。

（3）生成性。思维导图是人们自主绘制的，是个体根据学过的知识、积累的经验等总结归纳出来的，具有鲜明的独特性、生成性。思维导图是个体自主构建生成的图形。

（4）整合性。思维导图是个体整合已有知识、经验绘制而成的。对已知的信息分析对比，提取恰当信息组成新信息网，这一思维过程具有整合性。

（5）提示性。个体对某些内容的总结、计划等是用简练的文字和相应的图案概括出来的，这些文字和图案的背后隐藏着无穷的信息，所以整张思维导图是有提示性的。

（三）理论知识复习与巩固的策略

1. 巩固基础知识

思维导图是一种能够启发学生进行有效思考的组织性思维工具，也被称作概念图、树状图。这种方法依托人的思维模式，将零散的知识串联起来，可以将学生发现问题、解决问题和发散想象的思路与过程进行合理配置、有效表达，使学生能够快速理解和整合学习过的知识，提高学生的思维理解能力、想象力与创造力等。在高中思想政治教学中应用思维导图，植入理性思维，实现学科融合，使基础知识得以巩固，整合知识的能力得到提升，实现高效记忆。

学生在作图过程中，形成内在学习动机，激发学习的兴趣。教师适时引导学生，按照思维导图进行回忆、复述，或者先对照教材复习巩固，进而把思维导图印在脑海中，联想成“像”，作为回忆的线索进行记忆，不仅能够事半功倍地完成教师布置的复述任务，还能培养抓重点词巩固记忆的能力。

2. 建立思维体系

在教学中，教师应注重整理不同题材的阅读材料，将相同阅读方法、阅读题材的材料分成一组，让学生讨论、绘制不同的思维导图。学生要先亲历阅读，掌握大致内容，再聚焦一个较有价值的问题绘制思维导图。教师适时引导学生把握文章阅读重难点，在文本阅读中逐步建构知识体系，并在后续的实践中不断增加、补充内容。用直观鲜活、生动形象的任务驱动，提高学生的学习主动性，培养拓展想象能力与迁移创造能力，使学生能够更快地理解所阅读的内容，并根据问题做出正确回答。思维导图让学生正确把握阅读的主题、思路、重点等，可以提升其阅读理解能力。

高中思想政治教学中，思维导图的科学分析和应用，能够进一步提升学生快速浏览段落、提取关键词与主要内容的能力，提高阅读理解效率。在教师的指导下，掌握绘制的一般方法，让学生边阅读边参与这项实践活动。通过绘制思维导图，明确文章段落中的关键词，并将知识要点建立联系，以直观的方式体现出来，使学生对理论体系认识更加完整，整合知识、分析知识的能力也逐渐提升。

在教学中，应鼓励学生从多方面寻找解决问题的切入点，站在新的角度理解问题，激发学生敢于实践、争议、论证的精神。通过绘制思维导图，连线成网，帮助学生建立思维构架。在高中思想政治教学中引入思维导图，能够巩固学生的基础知识，帮助学生建立完整的思维体系，丰富思想政治教学的内涵，提高课堂教学的实效性。

第四章

高中思想政治情境教学及其优化策略

第一节　高中思想政治情境教学的必要性与可行性

一、高中思想政治情境教学的必要性

（一）新课程标准的必然要求

《普通高中思想政治课程标准》在课程实施建议中明确指出，优化案例，采用情境创设的综合性教学形式。优化案例的关键在于优化情境的功能，显现生活中真实的情境，力求可操作，可把握。通过情境的创设，有效充实教学内容，同时符合逻辑主线，为培育学生的核心素养服务，使学生具有理想信念和社会责任感，具有科学文化素养和终身学习的能力，具有自主发展能力和沟通合作能力。基于此，高中思想政治教程分为四个模块：经济生活、政治生活、文化生活、生活与哲学，包含学生生活的方方面面。教师在进行教学时，很容易找到教材与学生生活的联系点，便于情境的创设与实施。

高中思想政治教师只有改变以往的教学观念，才能按照新课标的要求进行教学活动，教材是教学的基础，但是不是唯一的材料，既要深入研究教材内容，还要研究学生、体验生活，从生活中搜集教学材料，将生活中涉及道德、价值和思想的问题引入教学中，让政治课的内容更加丰富，这样贴近生活的例子也能够活跃高中思想政治课的气氛。情境教学是教师将学生关注的社会热点、生活中出现的困难、困扰学生的问题等引入到课堂中。学生顺利地进入到情境中，在情境中学习，既学到了知识，又解决了自己的困惑。同时，情境来源于生活，学生更容易进入情境中，面对熟悉的话题、与自己相关的问题，学生更有兴趣讨论和学习，能更积极主动地参与其中，教师与学生讨论话题和热点，教师解答学生困惑的问题，学生既能够学到知识，还能使自己豁然开朗，情境教学更能够培养学生正确的人生观、价值观和世界观。

（二）学生身心发展的客观需要

高中时期是学生由青春期向成人成长的重要时期，在初中阶段，学生身体快速增长，高中时期身体发育已经基本成熟，但是心理发育还未成熟，主要表现在两个方面：第一，自主意识越来越强，希望脱离父母的管束，实现独立，做事求新求奇；第二，希望被周围的人理解，当自己遇到问题时，认为自己可以按照成人的方式去解决，朋友、老师和父母能够认可和理解自己的做法，希望得到他们的认同和表扬。但是因为他们心理方面的不成熟，所以他们遇到道德、社会或者情感方面的问题时，无法妥善处理，甚至出现错误的行为，而产生不良的后果。

如今网络发达，高中生在互联网上对某件事能够发表自己的观点，畅所欲言。在课堂上，教材内容已经满足不了高中生的要求，他们更愿意评论当时的热点事件，希望教师对自己的观点进行评价。所以，如果教师还是照本宣科，照着教学材料读，教师告诉学生哪里是重点，哪里需要记忆，然后学生按照教师的要求学习，那这样肯定不能满足学生的学习需求，学生就失去了表达自己和展现自己的机会，学生的问题也不能交流和解决，长此以往，必然会出现心理问题。

学生通过情境教学进行自我展示，教师创设情境，学生根据具体的情境各抒己见，相互交流，能够调动学生学习的积极性和主动性，展现学生的个性，开拓学生的眼界。学生在表达自己的观点时，可能会说错或者思想会出现偏差，这样教师能够及时发现并针对问题进行纠正，可以掌握学生的身心发展情况，使学生实现生理和心理的健康成长。

（三）提高教育效果的有效途径

思想政治不仅是传授知识，还要兼具教育的功能，这是本门课程的特殊性。教师为学生设计教学情境，为学生搭建学习思想政治的平台，学生能够进行观察、推理、猜测和交流等教学活动，学生可以在真实情境中去体验和探索，以此培养学生的学习兴趣，调动学生学习的积极性和主动性，提高教师的教学质量和学生的学习效率。值得关注的问题是，仅仅通过无聊的理论讲解是不能进行道德教育的，必须通过知、信、行的层层深入才能让学生相信某一观点，并用这一观点指导学生的一言一行，所以教师要让学生认同某一正确的观点，然后再坚信这一观点，最后在生活中按照这一观点解决问题。情境教学是针对某一问题展开的教学活动。教师在选择问题时，问题要与教学内容紧密相连，也是学生熟知的，在教师的引导和帮助下，通过自己的思想、与同学的协作，共同解决问题，这样学生就在熟悉的环境下学习了新的知识，学生就更容易理解知识，当在实际生活中遇到相似的问题时，学生就会利用学习的知识解决相关的问题。

除此之外，思想政治教学与情境相结合，教师提出问题，学生能够主动思考、分析和解决问题，体现了学生在课堂上的主导地位；通过与同学的合作交流，既解决了问题，又实现了同学之间的交流互动和相互协作，培养了学生之间的感情，增加了他们合作的机会。

二、高中思想政治情境教学的可行性

（一）方法多样，选择灵活

从不同的角度，可以对情境教学进行分类。根据情境教学的不同手段，可将情境教学分为实体类情境教学法、模拟类情境教学法和语言类情境教学法。不同的教学方法有不同的特点和不同的方式方法，运用过程中也有不同的要求。具体介绍如下。

（1）实体类情境教学。与另外两种情境教学相比较，实体类情境教学更为直观，教师以教学内容为前提，通过实物讲解知识点，学生通过观察实物更容易理解知识点，他们会更愿意学习，能够调动学生学习的积极性和主动性。以中华文化特点的教学为例，教师向学生展示汉字的演变过程，并且利用书法作品让学生更直观地感受到汉字的变化。学生们看到优秀的书法作品后能够产生对古代先贤的敬佩之情，能够体会到5000年中华文化的博大精深，觉得自己要担起中华文化传承和发扬的重任，让中华文化在世界上得到传播。除此之外，除了课堂，实体类教学还可以在校园和社会中呈现出来，让学生在校园和社会中体验和感悟，这样思想政治课就不再深奥和枯燥乏味，而是与学生的实际生活更加贴合，让学生更愿意学习思想政治课程。

（2）模拟类情境教学。是指对社会生活进行模拟来创设教学情境，在此过程中，学生的教学地位也发生了改变，以前是教师传授知识，学生是知识的被动接受者，如今学生主动学习知识。教师在创设模拟生活情境时，不仅要保证模拟情境贴近教学内容，能够实现教学目标，还要让模拟情境与学生的生活和心理更加贴合，保证模拟情境的可操作性，在模拟情境中，学生可以进行交流互动，通过协作解决问题。

（3）语言类情境教学法。是指教师利用语言描述某种情境，学生根据教师的描述，想象情境，慢慢地进入情境，在情境中学习的教学方法。这种方法是课堂教学中最主要、最常见的，无论哪种形式的情境教学都需要教师进行语言描述。教学过程中需要注意以下三点：

第一，语言要有针对性。语言类情境包括：问题情境、故事情境和新闻情境等。教学情境必须与教学内容紧密相连，教师要根据学生的认知水平创设情境，这样才能使教学活动顺利开展。

第二，语言要简明扼要，具有启发性。在课堂教学中，学生占据主导地位，教师在教学中的讲话要有重点，要能够启发学生，从而引导学生表达自己的观点，教师说话不能啰唆，让学生抓不住重点。

第三，语言要有艺术性。教师通过语言实现与学生的沟通，具有艺术性的语言能够渲染课堂氛围，使课堂更有意思，有利于教师和学生之间的交流。在思想政治教学过程中，教师要用通俗易懂的语言对某个知识点进行讲解，学生更容易理解和记忆，这样能够拉近思想政治课与学生之间的距离，使思想政治课不再枯燥乏味，而是充满乐趣的、与学生息息相关的一门生活课程。

因此，教师要想方设法地用具有艺术性的语言讲解思想政治课程，改变用概念解释概念的传统方法，让思想政治课程充满乐趣，让学生喜欢思想政治课程。

（二）教材是情境教学的依据

情境教学要以思想政治课的教材内容为基础进行设计。高中思想政治课程与政治、经济和文化息息相关，思想政治课程的教材共有四本，能够设计出多种教学情境，同时教材案例也是多种多样的，与学生的生活和学习息息相关。

教材的正文是学习的主要内容，正文中包括有趣的漫画、生活的案例和具有教育意义的名人名言，有利于学生的理解，教师根据教学目标，适当修改教材中的案例，这样可以创建一个微情境。对于有的专有名词，教师不好解释，学生不易理解，教师可以以生活实际进行举例，从熟悉的事物开始，逐渐深入，指导学生理解专有名词。

以“社会必要劳动时间”为例，如果教师直接阐述，则比较枯燥乏味，学生也不易理解，所以教师可以从生活实际入手，举现实生活中的例子，比如很多生产者都生产一种产品，他们的生产能力不同、所用的机器不同、所用的技术不同，根据大家的约定，劳动付出多的生产者生产的产品卖的价格就高，在这样的规则下，有一部分人会投机取巧，有意地延长生产时间，从而获得价格高的产品。那些生产能力高的生产者生产的产品所用的时间会缩短，产品反而卖的价格低，这是不公平的，会阻碍社会的发展进步，因此商品的价值要根据社会一般的生产情况来决定。

教师可以根据教材设计教学情境，但是不能过度依赖教材内容，选择的案例要与教学内容相贴合，思想政治课程要与时俱进，教材中的案例可能已经过时，这些案例不利于启发学生，所以，教师要根据教学内容和学生的特点选择合适的教学案例，设计合适的教学情境。

（三）现代化教学手段提供技术支撑

信息技术发展迅速，人们的生活发生了翻天覆地的变化，同时还为教学提供了多种多样的手段，传统教学缺点突出，现代化教学能够将学生的视觉和听觉相结合，在感官上进行强烈的刺激，对传统教学的不足进行弥补。创设的情境能够吸引学生积极参与和互动，学生将自己的感觉和知觉都投入到学习中，这样有利于学生的理解和记忆。教师利用多媒体技术向学生们传递完整和有趣的学习信息，既减少了教师阐述问题的时间，又能够调动学生学习的积极性和主动性，让学生深入思考和主动交流，通过现象看本质，发现理论背后的深层含义，提升自己的认识，培养自己的能力。

第二节　高中思想政治情境教学的构成要素

情境教学作为一个系统，系统是由各要素组成的，各要素之间的相互作用共同促进系统的完善与发展。高中思想政治课这一系统由目标要素、主体要素、内容要素和过程要素组成。

一、高中思想政治情境教学的目标要素

学习不是死记硬背，学生通过学习灵活掌握知识点，能够将学到的知识应用到生活中，就是培养学生的思维能力。高中思想政治课的教学目标是将知识目标、情感目标和情感态度价值观目标统一起来，即三维目标。知识目标是其他目标实现的基础。三维目标在实际教学中缺乏可操作性，所以，新的高中思想政治课程目标由培养核心素养代替三维目标，核心素养包括科学精神、政治认同、公共参与和法制意识。传统的教学方式以说教为主，这种教学方式，学生只是学到了思想政治知识，而无法从内心深处实现认同，更不能在实践中应用；而且，传统教学目标是为了传授知识，学生在课堂上会感到枯燥乏味，无法实现主动学习的目标，也不能实现培养核心素养的目标。因此，情境教学的目标是培养核心素养，教师要按照这一目标创设教学情境，学生的核心素养才能得到培养。

二、高中思想政治情境教学的主体要素

教师和学生都是教学的主体，同样，情境教育也需要教师和学生的共同参与。传统教学是以教师为主体，而学生的责任就是听课和被动地学习知识，这种被动的教学无法调动学生学习的积极性，学生更无法主动地学习，只是被动

地接受和填鸭式学习，缺少独立思考问题的机会，学生之间也缺乏沟通交流和协作，教师的授课质量不高，学生学习效率低。情境教学使教师和学生的课堂地位更加平衡，教师设计教学情境或者教师与学生共同设计教学情境，教师主要起引导和启发学生的作用，将学生作为教学主体，引导学生学习，利用精心设计的问题启发学生，层层深入，逐层揭掉知识的神秘面纱。学生一改以往被动接受者的角色变为主动参与者，面对教师提出的问题，学生要进行独立思考和分析问题，还要进行交流，积极主动地表达自己的想法，通过教师与学生、学生与学生之间的相互合作解决问题，这样学生既学到了知识，又培养了他们独立思考和敢于表达的能力，以及合作共赢的精神。

三、高中思想政治情境教学的内容要素

情境创设是情境教学的关键环节，是高中思想政治教学的内容要素。有效的情境创设需要具备以下原则：

（一）“三贴近”的原则

教师要以学生的实际生活为背景设计教学情境。“三贴近”原则具体指贴近学生、贴近实际、贴近生活。情境教学在操作过程中要坚持：以“学生”为主体，以“生活”为源泉以“思”为核心，以“情”为纽带，以“活动”为途径。“生活”包括方方面面，比如社会生活、家庭生活和学生生活等。教学情境一旦脱离了生活，就成了无水之源、无本之木，所以，教师在进行情境设计时必须坚持“三贴近”原则，学生面对熟悉的情境能够产生亲切感，学生能快速地融入情境中，保证课堂教学的有序开展，学生在熟悉的环境中更愿意思考和表达。

（二）开放性的原则

开放性是高中思想政治课情境教学的本质要求。高中生群体具有自主性、进取性和社会性，学生们希望自己能有更广阔的空间来表达自己，有更多的机会与社会接触，自己的观点能被更多人知道和接受，教材的知识是无法满足学生的这些要求的，所以，教师要为学生创设一个开放的环境，构建和谐的师生关系，满足学生的学习需求。

所以，教师要为学生提供一个能够畅所欲言的教学情境。开放的课堂既需

要开放的空间，还需要具有开放性的教学内容。所以，教师还要保证教学内容的开放性，虽然要以教学材料为基础进行情境创设，但是不能照搬照抄教材内容，要将更多的社会元素融入进去。在情境教学的过程中，教师提出一个开放性的问题，引导学生独立思考，鼓励学生相互交流，然后教师与学生之间交换意见，展开讨论，层层深入，解决问题。

（三）启发性的原则

高中思想政治课情境教学要起到启发学生的作用。教师按照“三贴近”原则设计教学情境，设计开放性的教学内容，精心设置问题，鼓励学生独立思考，发散学生思维；将学生分组，鼓励学生之间的交流，进行组内和组间讨论，学生之间各抒己见、畅所欲言、交换想法，让学生的思维更灵活；教师要发挥自己的引导作用，带领学生分析问题和解决问题，对学生的答案给予评价和指导，开拓学生的思路，培养学生的发散思维。

（四）趣味性的原则

教学情境有趣才能吸引学生积极主动地学习。教师要了解学生对什么感兴趣、喜欢什么，并将这些与教学情境相结合，让教学情境做到有趣、好玩，使学生在有趣的环境中能更轻松地、全神贯注地学习，这样就形成了一个良好的循环，学生在开心的环境中学习到了知识，学到了知识也特别高兴。所以，教师可以将漫画、语言和故事加入情境教学中。

四、高中思想政治情境教学的过程要素

情境教学的中心环节教师与学生的沟通交流互动环节。在传统教学中，教师在课堂中起到主导作用，教师主动传授知识，学生被动学习知识，学生依赖教师的讲解，缺乏独立思考和交流互动的机会，教师的课堂教学质量不高，学生的学习效率很低。教师可以通过师生互动培养学生的学习兴趣，调动学生学习的积极性和主动性，教师还可以传授学生学习经验，提高学生的学习效率。

（一）建立良好师生关系是前提

教师要与学生建立良好的师生关系，让学生信任自己，当教师提出建议时，学生会主动地响应，情境教学要求教师和学生都参与进来，这样才能实现情境教学的作用，否则就会与传统教学一样。教师得到学生的信任，教师提出

的意见学生才会认真听取，反思并改正自己的行为，当然学生也可能会不认同教师提出的意见，教师和学生进行讨论，促进师生之间相互交流，创造良好的教学氛围。如果教师和学生之间的关系不和谐，学生不信任教师，甚至对教师有抵触情绪，那么学生可能就不会理会教师提出的建议或观点，情境教学也不会顺利进行。所以，良好的师生关系是教师和学生交流互动的前提，是情境教学有序开展的基础。

（二）寻找师生互动方式是关键

教师和学生互动的目的是让师生共同参与教学活动。师生互动交流，学生能获得更多的信息、学到更多知识，提高学生的课堂学习效率；教师也在交流互动中了解到学生对学习的真实想法，有利于以后教学情境的设计，最终实现提高课堂教学质量的目标。

（1）良好的开端是课堂教学成功的必要条件。课堂教学的开始阶段可以通过设置悬念或者增加趣味性等方式把学生吸引过来，确保学生们能够全神贯注地听讲，全身心地投入。

（2）课堂教学成功的精髓是良好的课堂引领。教师可以将学生进行分组，针对设置的问题进行组内讨论或者组间辩论，还可以让学生根据情境扮演不同的角色，深入情境中，将抽象的知识具体化，有利于学生的理解和记忆。这种参与性极强的教学方式有利于调动学生学习的积极性和主动性，让学生更愿意参与其中，加强教师与学生、学生与学生之间的互动。

（三）创设师生互动情境是基础

教师和学生的交流互动有利于教师了解学生的动态、学生了解教师的教学目的。在课堂教学过程中，学生提出问题，老师和其他学生共同讨论并得出结果，学生们也会分析教师提出的问题，相互讨论得出结果，讨论的过程就是学习知识和加深印象的过程。学生思考并解决问题时，自己也愿意提出有意义的问题，思考提出什么问题的过程就是培养学生问题意识的过程，同时还能调动学生学习的积极性和主动性。教师和学生的交流互动有利于培养学生的发现问题、分析问题和解决问题的能力，同时还培养了学生的质疑精神。这些能力、精神和意识有利于学生独立人格的培养，使学生终身受益。

第三节　高中思想政治情境教学的影响因素

情境教学的运用，受到多种因素的影响，有客观的因素也有主观因素，这包括思想政治课的特点，学生的能力，教师的素质等多方面的因素。

一、影响高中思想政治情境教学的客观因素

（一）激烈的竞争

在政治上，全面改革高考，不再将分数作为选拔人才的唯一标准，扩大选拔范围，但即便如此，对于那些还没有完全适应这种新方式的学生来说并没有多大变化，他们仍然将分数作为自己成绩的判断标准，这种现象在思想政治课程中体现得较为明显，要想在高考中脱颖而出，只有提高分数；要想在同类学校和社会中获得一定的地位，学校只能不断地提高升学率，因此应试教育仍然是各大高中最主要也是最重要的教育方式。应试教育是指以单纯培养学生应对考试的能力为主要目的的教育，这是现代教育市场不断发展的产物，学校大多采用“填鸭式”教学，忽略了实践的重要性。所以要想大范围实行情境教学，就不得不改变应试教育这种传统的观点。

（二）教学的条件

进行情境教学有很多种方法，例如，可以利用多媒体等较为直观的工具为学生提供某种情境，这是一种较为高效的方式，但并不适用于所有学校，因为某些学校缺乏这些基础设施，学生没有获取学习信息的方式，这也是实行情境教学过程中遇到的一大难题，但是一直采取传统的教学方法，会打击学生学习的积极性，影响学习效果。

（三）课程的特点

第一，知识分散性。高中思想政治对学生的理论性知识的掌握程度有很高的要求，严重脱离学生的现实生活，给情境教学的实行带来较大阻碍；此外，由于思想政治内容多以理论知识为主，想要通过情境教学吸引学生有一定的难度，因此导致学生和教师的积极性都不高，影响教学效果。因为高中思想政治将课本分成了几个较为分散的部分，这几大部分的内容“黏性”不强，给情境教学带来了很大的不便。

第二，课时有限。高中生的课程较多，思想政治课程不仅理论性强、知识面广，而且分为几大部分，还没有足够的课时，老师与学生之间缺乏交流和沟通，没有创建情境实践的条件，这些都是实施情境教学不可或缺的重要因素。可是在这种缺乏大量实施情境教学条件的环境下，教师会选择继续采用“填鸭式”等传统教学方式；否则就是只注重形式，而忽略情境教学的实质。

二、影响高中思想政治情境教学的主观因素

（一）学生的参与度

高中生正处于青春期，他们在生理、心理上都发生了改变，不仅对外界十分关注，而且非常在意他人对自己的看法，从而过多地将关注点放在自身，在参加活动上更是犹犹豫豫，除非是有利于自身的活动，以免破坏自己的形象，此外，他们对别人的观念或想法大都持反对的态度，有时回避对方的问题；还有，高中生在这个阶段知识面扩大，这会让他们产生自负的心理，因此情境教学的实施受到高中生心理的影响，使其对情境教学提出更高的要求，特别是高中生大多处于叛逆期，要想让他们积极配合情境教学就变得很难。随着人们思想观念逐渐开放，大多数学生并不认为高考是决定他们未来的唯一出路，导致他们既不关心课堂也不关心分数。这些会直接影响到学生的学习效果，但如果学生不与教师积极配合，情境教学实施就会事倍功半，难以实现理想的教学效果。

（二）教师的自身素质

情境教学法进行教学，是教师与学生共同生成的课堂，这就需要教师有良好的综合素质，这对教师一个巨大的考验。

1. 终身学习的观念

在情境教学的过程中，教学具体情境等各个方面都不是提前安排好的，大多是根据教学内容随机发生的，要想让这种随机发生的教学情境达到理想的效果，就需要教师在课堂上积极引导学生参加，这就对教师的文化水平提出了较高的要求，因为在引导的过程中不仅需要熟练掌握本学科的知识，甚至还需要跨学科教育。教师要想拥有高水平的文化素质，不仅需要长时间的积累和学习，还需要与时俱进，不断学习新知识，要做到“活到老，学到老”。随着人们对知识水平的要求越来越高，知识不断地、快速地被创新，所以在新时期想要成为一名合格的、能够灵活掌控21世纪的课堂、与00后的孩子和谐交流的教师，终身学习显得格外重要。

2. 深厚的学科知识

随着时代的发展，教师不仅需要有丰富的文化知识储备，还要熟练掌握相应的学科知识。在传统的教学过程中，教师会提前备课，将要讲的内容进行整理后，教师只需要按照安排好的内容讲课就行了，这种模式出现新问题的情况很少。对情境教学方式来说，虽然教师也会备课，但是增加了教师配合和互动的环节，并能够在活动开展中随机出现许多新问题，这些新问题范围广、跨度大，在这个过程中学生可以锻炼创新思维、提高学习积极性，但这一切的前提是教师有深厚的文化底蕴。所以，要想使情境教学达到理想的效果，需要教师熟练掌握相应的文化知识。

（三）学校的评价机制

教学评价是依据教学目标对教学过程及结果进行价值判断并为教学决策服务的活动，是对教学活动现实的或潜在的价值做出判断的过程。教师、学生和其他教育人员根据教学评价的最终结果对教学成果做出判断，找出相应的问题，为今后教育工作的开展提供参考，对整个教育活动过程有重要的作用。所以教学评价具有指明性、导向性和管理性，对完善教学活动和教学课程等具有重要的参考意义。教学是一门高深的艺术，教学评价只是完善教学活动的一部分内容，不具有全面性，但需要避免片面性。这就需要建立多元性的教学评价体系，着力提高教师的教学积极性，由此来促进情境教学的实施。

（四）传统的师生关系

新时期教育理念认为教育应该是双向的、民主的、平等的，要将教育的主动性交给学生，提高他们的积极性；让教师充分发挥引导、启示、辅助学生的作用，为学生打造一个有趣的学习环境。要想实现理想的教育效果，教师要与学生建立良好的关系，为情境教学的实施创造条件。

这就需要教师将教学重点放在学生身上，突出学生在教育过程中的中心地位，在情境教学过程中，要站在学生的角度上安排情境教学所需的资料或活动内容，这与传统教学模式将教师放在主体地位有很大的区别，而且学生一般没有主动权，这与当代教育要求的平等观念是背道而驰的，而且教师与学生之间有隔阂，导致学生的积极性和主动性都很低，无法真正发挥情境教学的价值。

第四节　高中思想政治情境教学的选材与处理

创设情境，引导学生感悟道理和归纳原理，体会知识的生成过程，是教学中最重要的一个环节。而其中，选材是前提，处理是关键。

一、高中思想政治情境教学的选材原则

选择什么素材来引导学生既牵涉效果问题也是个价值取向问题。选材时要注意以下原则：

（一）目标性与衔接性的原则

要有的放矢，注意素材与教材和教育宗旨的衔接，防止“华而不实”。选材时要特别注意，有些素材从表面上看能说明问题，但其实不然。选择材料时应格外小心，有些材料可以解释表面的问题，但事实并非如此。例如：使用“朝三暮四”分析由于数量变化引起的第二种质变情况，这是不正确的。因为量变引起质变应该从相同事物的角度来看，数量的变化会导致质的变化，并不是事物的变化让猴子的态度发生了变化，因此该示例并不符合主题。除此之外，选择的材料应该生动有趣，而且导向要正确。

（二）积极性的原则

为了弘扬社会主义主旋律，我们必须把人民的利益、先进的文化和生产力放在重点位置上。当然，并不是说反映社会阴暗面的材料不应该使用，将其拿来对比也有一定的价值。要利用阴暗面材料的潜在价值，用来给学生起到警醒的作用。在分析过程中，至少需要使用“两点论”和“重点论”的分析方法。

学生在分析中塑造了正确的社会价值观，以政治课堂为媒介，学生对生活抱着积极的态度，对解决实际问题怀有积极的热情，这是现代教育的重要任务。例如，在探讨房价问题时，应指导学生进行更积极的分析。当前，房价已有了一个“转折点”，这是国家宏观调控的积极影响。与其盲目地着眼于高房价、社会的不公等方面，教师更应该做的是用一个循序渐进的过程来指导学生解决问题。只有这样，思想政治学科的教育功能才能发挥出来。

（三）典型性与贯穿性的原则

选择的材料应该简短、简洁，内容翔实。通常，最好将其用作整个课程中的线索，将学生要学习的理论知识串联起来。这也反映了案例教学的理念。例如，在探讨《物价变动的影响》时，可以使用猪肉的整体价格走势来说明这个问题。选择和使用贯穿性材料可以节省课堂上的精力和时间，提高学习效率并实现自然过渡，表达简洁明了并提高整体感。更重要的是，它有助于培养学生的问题分析能力和意识。当然，此类材料在表达中的地位，还要根据具体问题具体分析。

（四）生动性与实效性的原则

观察真实的情绪比简单的解释要好。老师的材料必须具有感官影响。特别是文字和图片，图画对学生的冲击力要大于文字，静态图片又不如动画和录像，黑白与彩色的效果也不一样，彩色的效果更好。教师在讲课过程中，还可以运用一些修辞手法，比如在讲到国有经济时，可以用“牵牛鼻子”来说明国有经济的调控过程。通过笑话、小品等形式可以让抽象理论更加生动有趣，更富有吸引力。简而言之，材料的选择和表达应该丰富多彩。

（五）和谐性与主体性的原则

要注意多媒体的结合和优化，使学生的认知水平和速度与教育信息的传递和应用的时间相协调。媒体只是起到了媒介的作用，不能将课堂变成演示课，学生在捕获信息和解释数据中有着自己的能力，应该让他们将能力充分地发挥出来。可以给出相同的问题和相同的原理，同时对来自不同学科的若干数据进行分组分析，然后让学生分组进行讨论，最后总结每组的结论并得出最终的相关结论。为了提高学生信息提取的效率，可以更改文本资料的字体或颜色，并且可以截取视频资料的相关图片。这不仅有助于引导和集中学生的思想以达到教育的目的，还节省了时间和精力，有助于释放更多的思考空间，有利于学生下一步的分析和思考。

（六）时空近体性的原则

教育就是生活，教师必须创建以生活为导向的教室，以教室为根基发展教学并为生活服务，使用与学生实际生活接近的材料进行教学。

从不同的主题中选择相关的现象和理论，传达知识、激活知识，从而使学生熟悉知识，激发学生学习的积极性。选择生活社交材料时，需要从小处着手，并着眼于大局。所谓“小”，是指不起眼的东西，相对平凡，但又非常具体，是可以分析的典型；而所谓“大”，是指时代感，可以将社会动态反映出来，具有重大又深刻的意义。另外，材料的真实性也是必需的，应该具有可辩性，值得深入研究。

二、高中思想政治情境教学的情境处理

材料的选择是营造良好环境的重要因素，即“外部环境”，下一步是唤醒并激发学生可以沉浸于教学的心理状态、正确的学习观念、学习动机等内容。总的来说，材料处理的基本思路是以下步骤，首先是怀着一个质疑的看法，然后对材料进行解读，接着是教师和学生进行讨论，最后一步是对讨论内容进行拓宽和升华。

在学生的脑力劳动中，教师要做的第一件事不是让学生去背诵所学的内容，而是让他们进行思考。积极思考通常始于教师的问题。设问的方式是分析问题的指南，问题的形成方式直接影响学生对知识，甚至思维能力的理解和掌握。应该要求学生具备怀疑精神，对所学的知识进行辩证分析，并提取有效的信息。

在分析材料时，有必要充分发现和利用材料信息，并对其进行深入和彻底的分析。如果能够在分析的过程中，拓宽自己的思维角度，那么就能发现意想不到和有价值的新观点，这对提高学生的兴趣将大有帮助。尤其是当所使用的材料很可能会与其他人重复使用时，如果没有新颖性，就很难具备吸引力。但是，如果能够在深度、复杂性和新颖性方面取得突破，则会更容易被学生接受。例如，以“鸡孵化”为例分析，在考虑到其中内部矛盾的作用时，内部矛

盾应基于内部矛盾的两个方面，以及状态改变的后果是什么，双方的矛盾是否相同，对他们有何影响？在谈论质量变化时，思考的角度可以为矛盾双方变化的过程，当谈论“度”时，可以使用“秃头哲学”的例子。这个例子可以用来辨析模糊性和准确性之间的差异，以便分析“度”的歧义。当引用成语“画蛇添足”这个例子时，可以用来分析“适度”的原则。

对材料内容分析的过程不仅是师生合作、共同学习、共同发展、共同体验的过程，也是在思维能力、思维方式、学习能力上寻求突破的过程。在分析的过程中，学生能提高认识，加强自我发展，加深意识和理解。

教育是一门艺术。好的课堂应指导学生分析情境材料，在分析中提出问题，消除疑问并促进创新。好的课堂应该尊重和鼓励学生，培养学生的合作和探究意识，以及怀疑、创新和独立的精神。

第五节　情境教学法在高中思想政治中的优化策略

一、明确情境创设目的性，加强培养核心素养

情境创设在高中思想政治课教学过程中，易碰到创设目的不准确的问题，没有认清为教学服务的实质是情境，一部分目的不准确体现在并未认识到完成学科核心素养的主要平台就是优良的教学情境，它通常是被简单地当作一种形式，为了“逢迎”课程改革的需要，提高教学的趣味，这种形式化的局面十分突出；另一部分体现在目的的显性上：给学生设置的与本次课学科内容和学科任务相联结的情境问题设计不当，没有针对性，学生在学习过程和教师在教学过程中很难做到充分利用情境教学达到教学目标和课程目标情境。为改善这类现象，让完成教学过程包含课程目标与教学目标内化于情境，在情境中进行，从情境中发现，应增强核心素养培训，明确创设情境的目的，在创设情境时，需用恰当的探索问题指引学生清楚课堂学习目标，紧扣学科任务。

（一）紧扣学科任务、教学与课程目标

情境创设需完成某一个特定课程目标、教学目标，紧扣学科任务，尽量让设计的所有情境细节都具有指向性。下述两方面的探究，是为了实现学科任务和情境教学更完美的结合所必须具备的：

1. 学科任务、教学与课程目标

清楚创设情境的目的，应先了解有哪些任务与目标需呈现，我们在之前的教学中较关心课程目标与教学目标，提出新课标之后，在之前的基础上还会重

视对学科任务的向往。

学科任务：在新思政课程标准中，特别重视学科任务、问题情境、学科内容和学科核心素养的关系，并且还会把它当作根据学业质量标准测试学科核心素养发展水平的先决条件。尽管学科任务是试题情境的创设引导，也是考试评价与命题的指导标识，但它对教学中提升教学情境的教学指向性，以及怎样把教学和教学情境相联结也有着关键的载体作用。

在高中的思政课中，学科任务有多种内容，此中突出的学科任务有四种：辨析和评价、解析和论证、描述和分类、预测和选择。清楚该学科任务的详细描述，可帮助教师在情境创设中和详细的任务目标相联结：

一是辨析和评价，它是指联系详细的社会生活情境，依照某一个维度对事物（包含理论）的功能、价值和作用来进行评价与分析，辨别不同事物的关联；正确使用有关方法与理论，对不同的利益诉求、不同的立场和观点进行辩驳、辩护与辨析。

二是解析和论证，它是指对真实的社会生活情境中的问题或者事物，使用技能和学科方法来剖析原因，探寻不同变量的关联；使用实证与理论材料，对研究结论进行符合科学和逻辑需求的检验与论证。

三是描述和分类，它是指对真实社会生活情境中问题的表现、特点、性质和事物，依据某一个维度进行描述，对其进行分类、比较。

四是预测和选择，它是指联系详细的社会生活情境，利用科学的原理与方法对问题的影响和结果或者事物、行为进行预测与选择，依照欲实现的目标与约束条件，制订出恰当的计划；比较不同计划的利弊优劣，从而做出正确选择。

故而可知，学科任务是学科能力的承载方式或展现方式，是学习过程中的一种要求或能力展示。在创设情境中依照不同的教学内容剖析相应的学科任务类型，找到恰当的情境来呈现。

（1）教学目标。教师可从两方面来对教学目标进行分类，以增强创设情境的指向性，细分自己的教学目的。依照水平分类，也就是对构成它基本结构的每一个要素所达到的水平做出分类，可理解为教师教到什么程度，学生学到什么程度；依照要素分类，可分为情感态度价值观、能力和知识三个维度，可理解为教师教什么、学生学什么。所以在创设教学情境之前，教师需清楚该课程归属于哪一种或哪几种要素分类，需达到什么教学目标，在这个基础上每一要素的目标需达到哪一层级的水平，当细分完这些之后，再以此为指导，创设出能完成目标的情境，以及找到相应的情境，这样才可增强指向性，确保创设教学情境的目的性。

（2）课程目标。它所表达的是学生通过学习的课程所需完成的标准与预期结果，是课程评价、课程实施、课程编制的指南与标准，它体现了一定的课程价值。在新课标中，明确提出了通过思政课程的学习，培养学生的思政学科核心素养，即公共参与素养、法制意识素养、科学精神素养、政治认同素养。然而，这些核心素养不但表现在教材知识中，而且它多数是在学生形成能力、获取知识的过程中形成的。

所以在创设情境之前，教师就应厘清每个教学内容表现出的哪种核心素养和学科任务、教学目标。而且还需探讨它们之间的关联、各自偏向的重心。最为详细的目标就是教学目标，它是情感态度价值观的主要表现，是课程目标在教学内容中表现的进一步设计与具体化的总目标，也是在情境教学中应使设计的每个教学情境、每个教学活动、每节课都应完成的具体目标。而学生在不同问题情境中策划学科任务，在学习过程中追求的学科能力，通过执行的水平、测试的学科核心素养就是学科任务。通过对它们的全部掌控，以便对其进行整体策划，从而综合并有效地完成最终目标。

2. 情境创设中的结合与体现

在充分理解教学目标、学科任务、课程目标之后，关键要探索情境创设中如何与之相结合，加强情境创设的目的性、针对性。

在情境创设中，情境设计与学科任务和学科内容的结合要有针对性，语言描述简洁明了，任务导向有操作性和目的性。

（二）创设适合的探究问题

针对教学情境创设中出现的情境问题缺失和问题设计不当的问题，教师在进行情境创设时应形成基于某些合适的问题支架驱动深度学习。在研究课程目标、教学内容的基础上，结合情境，将教学目标要求与教学内容转换成对情境中产生的问题的探究形式呈现给学生。

1. 情境问题缺失的应对策略

创设的情境没有探究入口。首先教师在选择情境素材的时候就应考虑好该素材为哪个教学内容、教学目标服务，从情境中可以提出什么与教学关键内容相关的探究问题，以此为导向选择情境，加工情境；其次，教师要善于抓住情境中能吸引学生关注的点，而且关注点最好是情境与教学结合的关键点，以此为探究入口，提出相应的问题。在这里，要注意的误区包括：情境问题的提出生硬，不是从情境中自然生成的；学生对情境问题自然得到的关注点不是教师所要引导的关键点。

2. 问题设计不当的应对策略

所提的问题与情境不相干，情境仅作为导入，问题与情境没有实质性关联，实质性关联是指提出的问题探究的内容应该是情境所要表达的主要内容和关键内容，问题与情境内容是一体的。建立实质性关联，最关键的就是找到每个情境主要想表达的关键事实和主旨含义，从关键事实和主旨含义中明确问题。所提的问题与教学内容不相干，该问题与上一个问题形成“顾此失彼”的两种情况，情境——探究问题——教学内容，探究问题是桥梁联结作用，探究问题既要从情境中自然生成，也要与教学内容紧密结合。对情境提出再好的探究问题如果与教学无关或关联性不强都是没有价值的。使情境探究问题结合教学要注意两点：①结合情境内容，问教学知识点，情境问题创设要指向教学目标；②情境的创设与关键教学内容相关，问题以教学内容的重点、难点、关键点进行提问，侧重于学生理解的难点和思维上的困惑。

探究问题是提高教学情境的启发性、探究性，使情境发挥教学价值作用的重要桥梁，在创设过程中要注意：

（1）启发诱导，有探索性。为使学生出现对情境的探究兴趣，并能够在探究过程中依照问题的引领完成教学目标就是探究问题。该过程中情境问题的创设需有探索价值，注重问题的思维性、发散性，通过在情境中解决问题来获取情感能力知识等的提高，或者引领学生积极利用知识在情境中探究答案。有探究性、启发性的问题应该联结“最近发展区理论”，掌握好难易的分寸，寻找到适合的探究问题，教师给出的问题需做到多数学生在运用好情境素材、经过仔细思索后能得到答案，并且学生在没有深入剖析情境、联系教材知识之前很难得到的答案。

（2）层次递进，循序渐进。依照教学目标不同层级的需求，和学生认知从简单到繁杂、从低到高的顺序，依照情境素材创设的问题应以阶梯式方式来进行设置，设置的问题不应是一个问题，应是由浅入深，解答完一个问题的答案应是下个问题的解题前提。

（三）教学过程内生于情境

部分教师因创设教学情境的能力不强，对情境教学认识不够，产生了很多为“情境”而情境的教学方法？过于重视形式而轻视了情境为教学服务的本质。对于这类问题，应发挥出情境的最大教学价值，改变情境仅用提高学生学习兴趣的简单功能，树立在教学过程中内生于情境的观念，在创设教学情境时，把“教学过程内生于情境”当作创设准则与努力的目标。教师唯有具有这样的创设情境理念，才可在教学和平常积累的情境素材结合中不断思考，进行有效的加工与选择，使教学情境的教学价值得以提高。

在教学实践中“教学过程内生于情境”能否实现以及实现的程度涉及多种因素：学生的接受能力和配合、教师在教学中的指引、教学情境创设等。了解以下内容可知教学情境创设环节的相关知识：

教学切入由情境着手，再让学生在教学情境中联系研究问题，找寻本教学环节或本节课需研究的关键问题，对解决的问题可从情境中寻到足够的条件，并且该研究过程，通过联系情境对任务活动的实施和策划可训练学生思维，培育学生不同方面、不同程度的学科核心素养。该过程的实现，创设出的教学情境应该契合多种特征，例如启发性、探究性、结构性和真实性并存，可依照核心知识来创设主题式的教学情境等。对这些关键特征的实施策略与描述在论文中其他策略部分有着较为具体的阐述。

二、提高情感创设真实性，提升学生主体地位

在高中思想政治教学情境创设过程中情境所蕴含的情感起着非常重要的教学作用，各学者及一线教师在对有效情境的描述中均提出情境中的感情要注重真实性，其教学效果及教育意义才能彰显。具有“情感线”的情境多以说明文式的“纪实性”风格进行展现，充当一种背景载体，却不注重以情感共鸣来激

发学生学习兴趣，涵养学生的学科素养。要想达到触动学生的效果，情感必须真实。所以关键就要考虑如何让情境真实，能不同程度的深入到学生内心。而要达到“共情”的效果，需要关注主体的特性，在情境创设过程中注意提升学生主体性地位。具体如教师应全面分析高中生的心理特征，行为特点，社会接触面及日常关注点，在此基础上选择出适合教学的，且贴近学生生活实际的情境，这样的情境所具备的情感点容易引起学生关注，提高感受度，然后选择好具有情感基础的情境材料，再对材料进行加工，提高情境与学生情感契合度，增加感情碰撞点。

还有另外一个较为新颖而有效的方式，根据教学内容和教学目标，通过讨论、提问、小组活动等形式将学生自身经验引入到情境创设中，特别是具有典型性、代表性的学生案例，并在教学中引导学生的情感表达与升华，真正从情感、态度、价值观上提高课堂教学学生主体性地位。

（一）贴近学生实际生活情境

教师在设计情境教学时要贴近学生的实际生活，因为实际生活往往反映出的是真实的情感，让情境教学更具真实性，从而产生情感共鸣。情境教学分为选择、加工、呈现三个步骤，在整个过程的落实上要首先要考虑最贴近高中生生活的情境，分辨出哪一类情境材料符合这些特点。

每一位教师应该对自己所教的学生有一个清晰的认识。通过日常交流、课堂互动、平时观察等了解学生，班主任还可以充分利用和学生有关的资料，深入了解学生。班主任在教学的过程中应考虑到以下问题：学生在成长过程中，家庭、教育、生长环境对其的影响，并分析这些影响的共同特点，最终运用到相应的教学环节中。情境教学中的选择、加工、启示三个环节和学生在成长过程中心理的变化、生理变化、认识变化有着重要的联系。班主任的工作和思想政治课有着很多相似的地方，因为两者都是了解学生的一个重要渠道，对教育和教学都有重要的意义。另外，不是班主任的教师，可以通过班主任的资源去认识学生，为情感教学中的贴近学生实际生活、真实情感打下基础。

教师在情境教学中应该以学生为主体，另外要对学生素材内容进行记录并收集整理。

教师在贴近高中生实际生活的实践过程中，在选择相关的情境教学材料时，首先要考虑和学生自身有关的内容、学生感兴趣的内容、教师有能力让学生所关注的内容等。和学生自身相关的内容有：青春期的情绪波动，学生处理一些简单的人际关系，学生在面对一些社会现象时所产生的认知理解和冲突、一些学习上的困境、幻想美好的未来等。学生感兴趣的内容包括：时事热点、热搜榜、明星新闻、同龄人的事件或者是和自己有关系的事件等。教师有能力想让学生所关注的内容是指，教师通过一些社会热点和任务目标相结合，引导学生去关注，包括：法治建设、国际关系、财经贸易、文化精神等。这要求教师要有一定的政治文化素养和家国情怀，教师可以通过微信公众号、各类APP等收集资料、发现灵感。

总而言之，教师在情境教学中要选择和高中生实际生活相符的情境，以学生为主体，提高情感的真实性。在这样的情境教学中，学生能对相应的情境做出不同的想象，从而提高学生的学习能力。

（二）提高情境与学生契合度

教师确定了相应的情境教学素材，接下来就应该落实情感的教育教学。一些情感教学缺的不是教学素材，而是情感和教学内容、教学标准的互相结合；或者就是情感所表现的方式不够合理，不能和学生建立起情感沟通的桥梁，这样看来，情感所具有的真实性是很难发挥出来的。所以，要找到情境教学和学生情感的契合点，是当下解决问题的有效办法，具体分为以下两点：

第一，教师应该把握到情境教学中最重要的情感线，让情绪具有一定的感染力，从而和学生的实际情感相联系。另外，一些情境中的情感内容较为含蓄，表达方式有点成人化，这时教师应该巧妙地将其转化，不是盲目地使用。教师找到关键的情感线之后，就可以在教学内容和教学情境中加入情感教学，从而找到情境和情感的契合点。

第二，在教学过程中设计出适当的教学情境，让学生的思维和情感相互联系。这种联系其实就是学生在情境中找到了相应的情感态度和价值观，由此产生了思维的碰撞，或者是不同的学生面对相同的情境产生的不同观点和情感沟通。所以学生的思维和情感联系能一定程度激发学生的互动性，从而提升课堂质量，达到相应的教学目标。

让感情和思维的联系点增多，提高学生的情感触动点，有以下几种途径。

教师可以在教学中使用一些语言激发学生的情感，如把音乐、电影、纪录片等艺术形式当作情感背景，学生通过感官体验建立情感，这是在形式上体现的情感教学。教师在面对教学内容和情境教学联系的时候，可以通过设计教学活动来创造出情感联系的机会，例如设置相应的目标任务，建立小组对问题进行探究和讨论或者进行答辩会等形式。如果要创立这些课堂活动，在课前应该制定详细的计划和方案，在活动中还要体现出情境中的情感，设计出相应的提示内容，更好地引入情境教学。

（三）以学生为依托创设情境

很多学科教师在教学过程中会出现情境素材缺乏或者一些素材使用过多的情况。所以，教师在设计情境的时候不能局限在很多的外界素材中，应该把每一个学生考虑进来，其实在学生和集体中有很多值得挖掘的情境素材。每一个教师都应该学会在学生集体中发现和运用生本素材。

第一，学生在课堂上能直接生成相应的情境素材，并使用到教学过程中。这种方法对教师的专业素养和课堂教学能力是有很高的要求的，所以在使用该种办法的时候应该考虑到以下因素：由学生产生的情境素材是否能在本节课堂使用；引导学生养成和敢于表露自身感受是教学过程中所“需要”的情境素材；学生所产生的情境素材和课堂教学的目标和任务没有联系。实际上，在课堂上所产生的情境素材，虽然是随机产生的，但其实是有所预备的。一般这种课堂教学需要准备的内容更多，往往教师不管是课上还是课下都要对学生有所关注，另外也要对教学内容有所理解，分析出一些衍生的东西，这样的课堂效果才能达到最佳。

第二，学生生成情境素材的不仅仅是在课堂上，也可以在课外。如今，很多的课程改革都鼓励学生走出课堂，尝试更多的社会实践，这样学生的课外活动会更加丰富，再加之学校所设置的课外活动，包括一些地方课程、校本课程等，学生能在这些众多的课外活动中充实自己，提高自己的实践能力，并且学生在活动当中能获得丰富的自主性和主体性体验。教师可以在学生活动的过程中捕捉到一些情境素材。这样一来，情境教学设计就更具有真实感，从而突出学生的主体地位。

第三，生成学生自身情境素材后，教师就应该对其上色然后呈现出最好的素材。教师在面对课堂产生的情境素材时应该有足够的准备过程，和教学经验相辅相成。一些缺乏经验的教师，要认真学习相关的课堂教学，在课后要记录相应的课堂总结和自我反思。在教学过程中，应该避免学生的情绪过高，没有科学的组织，就会变成学生的经验分享课，忽略了教学的重点。也要避免在教学中教学的目标过于牵强，牵制了学生的思维发展，让学生没有课堂的参与感。所以，教师应对学科教学做一个精心的设计，包括：教学主体的行为设计、教学内容的设计、教学方法的设计、教学和媒体相结合的设计、教学环境的设计，最后要考虑在什么时候引入问题，让学生有到良好的课堂体验。

三、结合教学真实性情境，提高情境的结构性

教学中的情境设计灵感源于生活。生活原本就是丰富多样的，也是烦琐复杂的，在设计情境时要结合教学目标和课堂任务，否则就会导致内容琐碎、形式不够贴切，冗长的情境堆叠起来，情境教学就没有价值可言。情境具有真实性，在现实生活的基础上对情境进行结构化处理，实际上就是，要贴近教学目标和任务、相关的学科特点，去除一些生活中没有联系，或者是影响教学进程的因素，要留存最重要的骨架和特征。简单地说，“情境结构化”就是对真实生活情境的写照。

（一）以核心知识创设主题式情境

就情境创设而言，应该以教学需要为主进行开发，在有限的时间内将其尽量做得精细，可以通过教学目标与核心知识来选择合适素材，对主题情境展开创设。因为太多的数量与太多的容量会导致其太过烦琐，使得学生在学习过程中难以集中精力。

所谓主题式情境，其实就是指通过给学生一个简单的情境主题，可以是某一目、某一框、某一课等，并且主题中所有的事件都与中心主旨保持一致，教师在此主题情境中以教学目标为基础进行情境上的创设，最终对学生实行情境教学。在对情境进行创设的过程中，需要注意以下方面：

1. 选择原则

选择原则即对创设过程中出现的各种情况进行选择时应遵循的原则。一方面需要与教学目标和需求进行紧密结合，另一方面需要时刻关注学生的生活状

况与知识水平并进行展示。与此同时，有一部分的知识点是不适用主题情境式教学的，因为其并不能找到相应的主题，通常都是指知识点较简单但是概念性较强、关联性较弱的题目。所以说，教师应当结合教学目标与需要，对于教材中的知识点进行积累，对于不适合进行情境创设的知识点进行梳理。

对于高中的思想政治课来说，因为其主题性较强，所以在进行主题式情境教学的过程中，可以以单元的综合探究或核心素养的基本要求为切入点，选择与教学目标较贴近的主题素材。除此之外，需要在情境创设的过程中，考虑学生的生活实际与知识水平，做到以学生为本。因此教师需要以学生的生活实际为基础，创设出有趣丰富的情境，将情境变得丰富多样且有着深厚内涵，这样才能更好地吸引学生。

2. 选择方式

主题式情境选择的过程中通常以两种思维角度进行检索：一是以教材出发，如从单元综合探究、教学目标为思维起点，结合教材内容从政治、经济、文化、哲学等不同领域的多方面去检索可开发的主题情境；二是相反的思维方式，从主题材料出发，在与主题相关的素材中发现和挖掘教学资源，在此基础上将挑选出的素材点进行整合，形成主题情境。

在创设过程中有些社会焦点事件，其所包含的丰富内涵可以挖掘出很多教学价值点，同时也让学生用学科知识体系、课堂教学探究去解读社会热点，提升时事分析能力，体会社会温度，彰显学科育人特色。

有些当下耳熟能详的热点事件，也是需要学生关注的时事问题，教师通过创设主题式情境的方式引领学生分析热点、焦点，同时也将学科任务融入其中，完成教学目标，而且有些热点事件内涵丰富，可涉及多个模块的学习，也可以帮助学生从多种角度分析问题，对“眼熟”的时事做到“心熟”，深刻体会这些长远战略、伟大工程、光辉之路背后的感人故事，涵养学生的精神和情感。

3. 加工方法

如果一个主题涉及了多个科目、多个框架，那么教师就需要在选好的主题基础上抉择出一个最符合教学的情境。除此之外，教师还需要根据学科的任务对所选择的情境进行编写，对教学过程中所遇到的问题进行预判，并提前做出解决问题的有效方案。与此同时，需要与教学情境相结合，以教学目标为基础进行了解与探究，外在通过一系列具有故事趣味性的主题情境串联在一起，形成思维性上的系统；内在通过知识的迁移性与逻辑性对学科的任务进行引导，形成情感与认知上的系统。

（二）创设不同复杂程度的情境

核心素养是在复杂程度不等的现实生活情境中运用学科知识与技能、学科思维与观念，分析情境、发现问题、分析问题、解决问题、交流结果的能力与品格。能根据教学目标设计复杂程度不等的情境是当前教师在情境设计和培养学生核心素养上应该具备的能力。忽视材料需要进行选择和加工，那么材料本身在多数情况下未能完全符合教学需要，它只是一个故事或背景的载体，会出现要么无关材料堆砌过多；要么其教学所需的主旨内容体现不明显；要么只是单纯故事性叙述，其中蕴含的思考性、探究性没有呈现等，使得情境材料内容不精，层次性不足，最关键的是学生很难从这样"平淡、浅显"的情境材料中找到分析问题和解决问题的依托和"脚手架"，使得情境和教学任务没有内在联系，情境的教学价值不足。

如果能根据学科内容创设复杂程度不同的情境，解决难易不同的学科任务，使这个探究过程对于学生来说有思考梯度，知识有迁移运用，提升情境的启发性、挑战性。那么情境的复杂程度与哪些方面有关联，在情境创设中如何做好区分是比较重要的问题。

可以从两方面分析"复杂程度"来给教学情境创设提供参考：一是分析情境材料的复杂程度；二是用关联项或更多关联项分析学科任务、教学目标的复杂程度，然后据此分析出知识点复杂程度及相关变量，将复杂因素提取、分析，并用相适宜的情境展现。将复杂程度纳入情境创设中，可以充分考虑到知识难易的递进，问题探究的深浅顺序，帮助教师快速厘清情境中哪些是"无关累赘"，哪些是"必备条件"，并依据核心知识建立用于教学的情境系统。发挥好情境用于分析问题，解决问题的教学价值。

（三）识别细枝末节与关键事实

在教学实践的过程中，仍然有部分教师无法将生活情境中的细枝末节与关键事实进行准确的区分，不能识别出创设的情境中"无效"的部分，在这种情况的影响下一方面不利于学生精力的集中，另一方面也会使情境变得无效，不利于完成教学任务。主要原因除了教师自身教学能力不足之外，还有缺乏对生活情境的结构化处理。因此，除了将教学与真实生活相结合以提高其有效性之外，教师还应该不断提升自己的能力。

首先，针对高中的思想政治课来说，细枝末节与关键事实的判定依据就是四个核心素养目标的具体落实，分别体现在知识目标、能力目标、情感态度与价值观的目标上。除此之外，教师通过对学科知识的把握与思想性的认识，应该用心对待每一堂课，制定好具体的三维目标，对教学的重难点进行学习，在情境创设的实施过程中对情境的呈现进行加工与选择等。所以在真实的生活情境中，进行结构化处理的时候主要依据的就是具体的教学目标、教学评价、教学要求以及具体的学科性质。

其次，如果我们从教学过程中问题的解决角度出发，学生通过已有的教学内容与教学设计发现其核心的问题，那么剩下的情境材料便是"细枝末节"，对于这些细枝末节，教师可以根据教学的时间与任务进行灵活的安排，可以选择部分进行展示，也可以不展示；而"关键事实"则是指在对问题进行分析的过程中，帮助学生看清情境的本质，为学生提供思路，能够引导其思维走向的关键情节或语言上的表达，除此之外，在解决问题的过程中，情境中能够解决问题的一些"材料工具"其实也属于"关键事实"。然而在有的情境任务中，有些细枝末节在另外的任务中却变成了不可缺少的关键事实，所以说，区分细枝末节与关键事实的关键主要还是要看教师的教学任务，在此基础上再对它们进行区分。

最后，有意识地给情境结构化建模。所谓的结构化就是指设计时层次上的结构，从教学角度方面来看，就是指教师通过教学的系统性、逻辑性与联系性等，对具体课时进行层次上的设计。在教学情境的创设过程中，教师需要把握教学核心内容，将各个学科的任务联系起来，通过对整体的布局实现系统上的涵盖，用情境的创设将任务结合起来，让问题在情境中得到解决。

第五章

高中思想政治教学中审美情境的创设

第一节　高中思想政治教学审美情境概述

一、思想政治教学审美情境的特征

（一）美学性特征

思想政治教学审美情境具有美学性，其本身包含丰富的美学元素。自然界中的山水风光、鸟语花香，社会中的文学、绘画、音乐、戏剧、装饰、建筑和雕塑，它们都具有重要的美学价值。通过品味花鸟之美、河川之美、山峦之美，审视人性之美，从而获得思想之美、政治之美、道德之美。审美情境不仅具有审美、情感功能，还具有认知、教育功能。思想政治教学审美情境的创设活动是感性形式和理性形式的统一，施教者采用声情并茂、幽默诙谐的语言风格，给予受教育者以听觉上的美感，而语言所传达的真理内容，如社会主义核心价值观，又能够启发受教育者的心智，展现理性的崇高之美。教育者从人们的审美意识和美感经验出发，以艺术情境为主要对象，创设出美学性的思想政治教学情境。把知晓美、道德美、艺术美、欣赏美和创造美转化为人的本质精神和内在气质，激发人们的审美期待和审美愿望。美学性的思想政治教学情境是对传统思想政治教学模式的变革与创新，将思想知识、政治观点和道德准则蕴涵于美学情境中，受教育者在舒适温馨的情境氛围中，体验情感之美、人性之美和价值之美，体悟审美情境所带来的感官刺激和愉悦。把审美情感教育与科学理性教育相结合，能有效提高人们对教育内容的接受程度，增强思想政治教学的活动效果。

（二）艺术性特征

思想政治教学审美情境具有艺术性，教育者在活动过程中积极营造具有浓郁艺术气息的情境氛围，通过展示色彩斑斓的艺术作品，培养人们形成高雅的审美情趣和道德品质。艺术作品之所以具有生命力、感染力，是因为欣赏者在其中发现了情感上的共通点。艺术生产者把自身的智慧、情感和想象投射在对象物中，创作出蕴含内心情感的艺术作品，艺术欣赏者在观赏过程中结合以往的审美经验与创作者产生了情感共鸣。思想政治教学审美情境创设的主要目的就是寻找审美主体与审美客体的情感交合点，以文艺、绘画、雕塑、歌曲、影视和戏剧等艺术情境，引导受教育者形成正确的思想观念和道德行为。传统的思想政治教学以理论学习、政治文件情境为主，教育内容较为呆板教条，致使受教育者的情绪变的沉闷、压抑。

随着信息科技的迅猛发展，越来越多的思政工作者在情境创设活动中，将文艺作品与多媒体技术紧密结合，这可以最大限度地调动人们的情绪情感。阅读一篇篇英雄人物事迹的革命文学作品、回味一首首歌颂祖国、保卫家园的红色歌曲、观看一部部战士们不畏艰险、英勇杀敌的抗战电影，这些文艺作品都体现了审美情境的艺术性，能够增强思想政治教学的亲近感。思想政治教学审美情境的内容丰富多样，目前兴起了信息共享、快捷方便的新媒体情境。操作技能熟练的网络思想政治教学者可以灵活地运用语言、线条、色彩、图像和音响等艺术手段，创设出生动活泼、舒适宜人的思想政治教学审美情境。

（三）情感性特征

思想政治教学审美情境具有情感性，审美是人们对审美对象的情感态度和精神体验，情境是蕴含着主体情感的环境，审美和情境都包含了人们强烈的情感心理。思想政治教学审美情境的情感性是指人们在思想政治教学审美情境中所表现出来的快乐、厌恶、愤怒、悲伤和恐惧等内心感受，主要包括理智情感、道德情感、审美情感以及生活情感。受教育者的情感结构影响着审美情境的内容选择和接受程度，如果情境内容符合其审美情趣和志向，心情就会愉悦舒畅，反之则会产生厌恶抵触的心理。

根据不同群体的审美心理发展规律，着眼于人们的审美情感，有针对性地创设舒适安然的思想政治教学审美情境，以此不断地提高思想政治教学的活动效果。审美性情境有利于增进教育者与教育对象间的话语交流，促使其产生情感上共鸣，引导人们形成审美的道德情感。长期以来，在思想政治教学活动中，教育者更加重视科学理性、道德准则的灌输教育，忽略了受教育者的审美感受和情感体验。然而思想观念和道德价值的培养是内在的，这离不开人们情感经验的丰富积累。思想政治教学的本质是核心价值观教育，应重视审美情感在思想政治教学中的重要作用，创设出人性温暖的思想政治教学审美情境。

（四）超越性特征

思想政治教学审美情境具有超越性。教育者在思想政治教学审美情境创设中总是力求超越平庸的现实情境，而追求自由的审美情境。审美情境的超越性根源源于人的超越性，海德格尔指出，人是现实性的存在，又是超越现实的精神性存在。人的超越性体现在个体对环境、理想对现实和永恒对有限等多个方面。主体的超越性促使人们突破限制自身的各种障碍，追求更为丰富的精神心灵产品，实现真正意义上的自由之境。审美情境不仅仅是情境的布置或重现，还应传达教育者的情感、想象和愿景，它是现实性与超越性统一的存在。在思想政治教学审美情境中，教育对象从复杂的社会关系中遁逸出来，超越了时空的局限，是现实情境与理想情境的完美融合。审美期待获得了象征性的满足，精神世界享受了无限的自由。传统的思想政治教学表现有严重的唯智倾向，侧重抽象理论的单向灌输，相对忽视了审美的情境体验教育。创设超然脱俗的思想政治教学审美情境，把审美贯穿于认知情境过程中，使学习成为对人类本质力量的肯定，既发挥审美情境的工具价值，又彰显无限的审美价值，超越了传统思想政治教学中的功利主义价值取向。

二、思想政治教学审美情境创设的必要性

（一）中华民族自古追求审美情境

中华民族是崇尚审美的民族，灿烂悠久的历史文明蕴藏着丰富的审美价值。在上古时代就出现了以装扮艺术为主的歌舞情境。《尚书》中记载“击石拊石，百兽率舞”，《吕氏春秋》中有“昔葛天氏之乐，三人掺牛尾，投足以歌八阕”。这些原始歌舞是融诗、乐、舞三者于一体的综合艺术，表达了原始先民们对审美生活的强烈渴望，寄托了古人对未来的期许与祝愿。傩戏盛行于商周，是以面具为主的造型艺术。这种拟神化的傩舞情境承载着一定的故事情节，并直接影响了以后戏剧的发展方向。歌谣可以追溯到远古时期，它是原始

人类在谋求生存的集体性劳作中产生的。《吴越春秋》里的《弹歌》写道："断竹、续竹、飞土、逐宍"，这古朴精炼的二言歌谣清晰地再现了古人狩猎的整个过程。这些古代歌谣以代代传诵的形式得以继承和创新，表达了人们耕作播种时的喜悦激动之情，也饱含着人们对诗意审美生活的无限向往与追求。《诗经》中就展现了劳动妇女春播夏长、秋收冬藏的乐章式的生活情境，周人都生活在诗意悠然的审美情境中。周公制礼作乐，士人以礼相见、彬彬有礼，举手投足间透露出文雅的气息，人们都沉浸在礼乐相济、诗乐相协的审美情境氛围中。

古人们喜欢"采菊东篱下"的悠然生活，向往着审美的人生境界。思想政治教学审美情境创设离不开历史长河中各种审美的情境资源，教育者应借鉴古人的哲学智慧与审美经验，开拓新颖的审美情境方式，创设出引人入胜、撩人心弦的思想政治教学审美情境。

（二）人与社会和谐美丽的诉求

理论是时代的产物。思想政治教学作为一门意识形态较为鲜明的学科是历史和人民的产物，其理论内容也会随着时代的发展不断地丰富与拓展。任何历史时期，人们对"美"都怀有热烈的向往与追求，审美是人们普遍而现实的精神需求。尤其在进入了新时代后，人民群众的物质生活需求已经普遍得到满足，对美好生活的期待和憧憬也变的愈加强烈，此刻的我们离"自由的联合体"又近了一步。

思想政治教学活动的成功开展要准确把握学生审美心理发展规律，在传递理论知识的同时，也要及时满足学生们的审美期待。高中学生的道德教育不应仅仅识记所规定的理论知识，还要训练大脑的逻辑思维能力，学习如何成为完整的人。思想政治教学以格调高雅的审美情境为活动载体，鼓励学生积极参与集体性实践活动，亲身体验真情实景。思想政治教学是一门综合性较强的应用学科，因此思想政治教学审美情境创设也借鉴了美学、教育心理学、社会学和人类学中相关的审美情境资源，这有利于丰富和完善思想政治教学审美情境理论。创设出审美宜人的思想政治教学情境，这是人与社会和谐美丽发展的时代诉求。愉悦舒畅、和谐悠然的思想政治教学审美情境，有利于培养人们审美的道德人格，也推动了健康中国的快速建设。

（三）红色审美情境与审美目标的融合

思想政治教学审美情境创设具有艺术性，情境创设的各个阶段都蕴藏着审美的元素。和谐温馨的思想政治教学审美情境是按照“美的规律”进行创设或把握的，情境活动的各个方面、各个环节都要符合美的特性，思想要美、语言要美、仪态要美、人格要美。思想政治教学情境内容是美的：美的环境氛围、美的音乐旋律、美的人物事迹、美的戏剧舞台。思想政治教学审美情境创设的目的是培养审美的道德认知和价值情感，可以促进社会和谐美丽发展。教育者选取有利条件，剔除不合理因素，精心设计审美情境的具体创设步骤，把握并调控受教育者的情绪走向，充分地发挥情境的审美作用。另外，审美是人们的生活所需，精神所求，具有逃逸—澄明—反观—释然的功效。对“美”的欣赏，能够让人们神清气爽、心静眼明，在关照自我的同时也洞悉他人，彰显出人性中最美好的东西。

总之，思想政治教学审美情境与审美的根本目的具有一致性，都是为了塑造完美的人性，促进人的自由全面地发展。因此，审美能够融入思想政治教学情境之中，营造出恬淡超然的思想政治教学审美情境，这为解决思想政治教学实效性问题提供了新的视角。

第二节 高中思想政治教学审美情境创设原则与条件

一、思想政治教学审美情境创设的原则

（一）审美性原则

思想政治教学审美情境主要包括思想政治教学活动开展所处的社会审美大情境和受教育者所处的内部审美情境。实际上思想政治教学的效果如何主要取决于思想政治教学“内部小情境”，但“内部小情境”的审美创设又紧紧依赖着“社会大情境”的发展变化。“内部小情境”包括教育场所、教育设施、教育内容、人际关系和情境氛围等。良好的思想政治教学审美情境是各种因素相互联结、优化组合的结果，温馨舒适的教育场所、新颖简单的教学设备和贴近生活的教学内容都是在审美性原则的指导下创设出来的。情境创设活动的各个环节都蕴藏着审美的元素，在这种沁人心脾的审美情境中，受教育者跨越时空的局限，激起内心无限的情感遐想，从而产生对思想政治教学内容的审美认同。思想政治教学者和受教育者作为思想政治教学不可或缺的核心要素，两者关系的和谐融洽发展对实现思想政治教学目标具有重要意义。在审美性原则的指导下，教育者将自身的思想、情感、意志和智慧对象化，努力创造一种坦诚交流、和谐自在的审美关系。总之，思想政治教学审美情境的整个创设活动要始终贯彻审美性原则，培养人们形成审美的道德品格，推动社会和谐文明、美丽健康的发展。

（二）体验性原则

情境教学涉及两个层面：一是指景物、场景和环境；二是指人物、情节、以及由场景、景物所唤起的人的情绪和感受。情境教学注重学生的亲身体验，让学生在体验中收获知识。体验式的情境教学，能快速带着学生进入学习环境，激发学生的创新精神，不仅可以促进学生内心的认知，还能激发学生的潜在情感意识。当学生全身投入到情境中时，会伴随着强烈的神经活跃、情绪高涨，这种感受很难用言语形容，是一种内心愉悦的美好，学生的审美主客体也在此时达到高度一致。

体验性是现代学习方式的突出特征，它强调学生的身体性参与，重视直接经验。思想政治教学中，教师授课要重视教育主体（学生）的主观感受，以学生为主设计思想政治教学情境，让学生在浓烈的情境氛围中，自发地吸收知识，接受社会正确的道德观念和价值观。体验式的思政教学比较考验学生的动手实践能力，但也不缺乏思想理论知识教学。恰恰相反，思想政治教育的情境教学必须建立在理论知识铺设的前提下，让学生对思想政治教育有一个笼统的认知，再通过情境教学知识细分，加深学生对知识的理解。情境教学是一个学生自主自发学习的过程，通过情境创设从被动的知识吸收到主动的创新。由此可见，思想政治课教学不仅是一种认识活动，也是一种情感活动。教师在思想情境教学中，情境布置非常重要，要贴合课程主题，借此唤醒学生的情感体验意识，自主学习社会的道德准则和社会价值体系。

（三）文艺性原则

传统教学没有摆脱形而上学的束缚，具体表现在三个方面：一是从表面看教学，也就是我们看到的填鸭式教学方式；二是孤立地看教学，单从思想政治教学的课本进行知识灌输；三是静止地看教学，只采用课堂教学方式。这三种教学方式一定程度上束缚了学生的思想，而学生因没有一个鲜活的认知，所以很难理解教师讲的究竟是什么。文艺的核心是宣传教育，同时也规范着人们的思想和行为意识。审美的思想理念则是遵循文艺原则，并在此基础上以鲜明、生动的艺术形象，通过多元化的艺术形式（雕塑、文学作品、音乐剧等）为学生重现多姿多彩的日常生活，让学生身临其境，从主观视角发现美、感受美，以此激发学生的探究精神，培养学生的审美意识。审美能力，是人对美的欣赏、品味、创造的能力。审美素养是人的审美能力的重要体现，是一个人综合素质的集中体现。因此，在情境教学中要始终贯彻文艺性原则，要在审美中激发学生的情感共鸣，让其能将情感共鸣贯穿在高层次的审美活动中。

（四）创造性原则

思想政治教学的审美情境应富有创造性。通过人类的体力劳动，将原本的形态改造成自己的理想形态，就是一种艺术创造的过程。思想政治教学的根本是让学生从体验中学习美、创造美。审美情境是主体对客观感性形象美学属性的能动反映，人的审美意识首先起源于人与自然的相互作用过程。

纵观情境的三种形态（自然、社会和艺术情境），艺术情境为最高层次，它是创造者对现实的一种理想改造。思想政治教学情境活动是关于审美意识的一次培养和提升，它不仅对学生个人的审美有帮助，还有助于学生塑造正确的人生观、价值观。当然，审美情境创设要富有创造性，只有这样才能体现创造美，同时也锻炼了教师与学生的创造精神。

随着人们对外界事物了解的深入，人们对美好生活的期待不仅仅是停留在以往的温饱上，审美水平也有了大幅度提升。所以说，将审美因素运用到思想政治的情境教学中也是大势所趋。审美情境的创造对思想政治教学非常重要，首先一个美好的情境能让人心旷神怡，自然轻松地投入到所设的情境中，让心灵也跟着得到自由的同时提升学生学习知识的积极性。而审美情境的构建离不开自然情境，更离不开社会文化的传播和推广。因此，思想政治教育情境除了符合审美诉求之外还要考虑教育因素与社会因素。

二、思想政治教学审美情境创设的保障条件

（一）明确审美情境

创设目标活动初期都会有一个预设目标，它是激发人们进步的力量根源。开展思想政治情境教学，第一步是为教学课程拟定一个可行性高的目标。

历史背景不同，思想政治情境的设置也各不同，民主革命时期是研究人的政治思想和行为的活动规律，提高人们认识世界和改造世界的能力。这是中国共产党的优良传统，也是党的一大特点和政治优势。党的正确领导让人们坚信

抗战胜利的那天总会到来，这种不怕牺牲、英勇就义的革命精神也鼓舞了一代又一代的人，直至今天仍然有较强的借鉴意义。良好的生态环境是人和社会持续发展的基础。党的十八大首次提出要“建设美丽中国”的概念，其意义非同寻常，影响极为深远。美丽乡村是美丽中国的基本单元，要建设美丽中国，首要任务是全面提升农村生态环境，努力把农村打造成环境优美、生态宜居、底蕴深厚、各具特色的美丽乡村，也能够提升广大农村地区人民的文化素养和爱国热情。思想政治教育的审美情境教学式可以促进学生德智体美劳各个层面的发展，提高他们的素养，引导人们积极去探索、发现新兴事物的美好，真正融入审美情境中。

（二）提高教育者审美意识与能力

审美意识就是大众所说的“美感”，在审美活动中，人对审美对象的能动反映可以看作是一种心理现象。思想政治教育情境教学中，教师所设立的教学目标、教学内容和教学方式，一定程度上体现了教育工作者的知识水平和情感意志。教育者即是学生审美的授课者，也是审美对象，自身要具备敏捷的洞察力，并引导学生自主地进入情境，激发学生的审美意识。而当下的思想政治情境教学中，无论是课程内容的提炼还是情境创设都离不开教师的审美能力，也是教学者审美水平的体现。

除了上述因素，教育主体对审美意识的形成都与文艺的产生和独立紧密联系在一起，因为文艺是表现审美意识的专有领域。教育者自身的审美感受力和创造力必须提高，才能有效地构建符合思想政治教学的课程情境，通过情境铺设，快速捕捉到情境构建所需的审美元素。因此，作为学生思想政治教育的启蒙者，教师自身必须具备高雅的审美素养，加强对文学作品的阅读，多涉猎一些具有美感的音乐、舞蹈和摄影作品，从中找到情感共鸣。在不断的鉴赏中提高自身的审美能力。总而言之，研究人类审美意识的产生，就必然要探讨原始艺术的形成，以及从原始艺术到独立艺术的发展过程。

（三）运用新媒体创设审美性情境

自互联网应用到情境教学中以后，不仅丰富了课堂教学方式，也给学生的情境创设提供了很大的便利条件。新媒体作为当下信息传播的主流，各行各业的人们都能通过手机、电脑、电视机等媒介设备了解自己所需要的消息。新媒体的出现，改变了多数人的生活和学习状态，无形之中，也对人们的思维方式产生了深刻的影响，人们借助新媒体了解外界，逐步也形成了自己的价值观。思想政治教学作为全民化的教育工作，将其应用到网络教学环境中，不仅能提升大众的思想意识，还能培养学生高尚的道德情操。

体的出现，改变了多数人的生活和学习状态，无形之中，也对人们的思维方式产生了深刻的影响，人们借助新媒体了解外界，逐步也形成了自己的价值观。思想政治教学作为全民化的教育工作，将其应用到网络教学环境中，不仅能提升大众的思想意识，还能培养学生高尚的道德情操。

第三节　高中思想政治教学审美情境创设方法

一、红色旅游陶冶法

红色旅游情境的主要载体是红色资源，通过沉浸在风景怡人、轻松愉悦的自然旅游情境中，旅游者既可以获得知识，又可以收获快乐。作为一种珍贵的历史文化遗产，红色旅游资源提倡人们在参观游览革命老区遗址及红色纪念景点时，抱着接受思想政治教育的目的，去感受红色文化的不同地域特色和身处其中的居民们的生活习俗以及价值信仰。红色文化旅游情境是对中国共产党艰苦卓绝奋斗历程的再现，是对革命时期重大历史事件和英雄事迹的彰显，是对中华民族红色精神的传承与弘扬，也正是因为旅游文化情境所特有的红色气息，使得游客们在潜移默化中受到了红色精神的熏陶和影响，进而提升了自身的思想政治素养。

除了审美功能外，红色旅游情境还有一定的认知功能，即它是党的思想主张和方针政策的体现，同时，在不同的历史时期和不同的地域，红色旅游情境所承载的思想政治教育内容也呈现出了一定的时代性。在感受旅游情境的过程中，也形成了对红色文化的整体认识，而在参观游览“红色革命圣地”的过程中，参观者综合调动了自身的听觉、视觉、触觉，深化了自身对中国革命历史传统和红色文化革命精神的了解，更对中国共产党执政和社会主义发展道路有了坚定的信念，同时提升了自身的民族认同感、归属感和自豪感。不同于传统课堂理论灌输，红色旅游情境处于一个动态性的整体活动过程中，因此可以充分发挥思想政治的教学作用。而在革命旅游情境中，红色文化遍布每一个角落，无论是景区居民的穿着、吃饭，还是住宿，无一不烙着革命老区所特有的红色文化印记，从教学效果来看，这种潜移默化的思想政治教学效果要远远优于课堂授课、知识讲座和读书报告。

二、语言文学熏陶法

语言文学熏陶法主要包括两方面的内容——诗性语言熏陶法和红色文学熏陶法。在营造诗情画意般审美语言情境方面，大众语言的平易近人、网络语言的流行时尚以及艺术语言的生动形象都发挥着重要作用，更对人们的思想与情绪产生着潜移默化的影响。在红色革命文学情境中徜徉，可以使人们强化对革命历史真实事件和社会风貌的了解，可以获得对革命战士英雄气概的深刻感悟和积极的审美阅读体验。

（一）诗性语言熏陶法

作为思想政治教育内容的传播媒介，思想政治教学语言同样承载着表达思想政治教学深层内涵的功能。而传统的思想政治教学话语空间中心为政治语言，对于群众语言、网络语言和艺术语言长期保持排挤的态度，而这也间接造成了思想政治教学与人民群众之间的距离感和亲和感的丧失。造成这种现象的原因之一在于西方“主客二分”模式对我国思想政治教育语言的长期影响，教育者所采取的“一言堂”“家长制”等语言方式使受教育者的言语空间被极度压缩，从而导致了受教育者缺乏一定的话语权。因此，有效改善思想政治教学话语霸权现状的重要途径就在于实现思想政治教学语言的艺术化。

思想政治教学语言艺术指的是在讲课、报告、谈心、表彰、动员、访问等思想政治教学环节中，教育者使用的表达语言精准流畅、生动美妙，同时又能说明道理、扣人心弦，给人以强大情感力量的双重特征。在营造诗情画意般的审美语言情境方面，无论是具有深厚审美意蕴的思想政治教学诗性语言，还是平易近人的大众语言，亦或是流行时尚的网络语言和生动形象的艺术语言，都彰显出了思想政治教学语言的独特艺术魅力，也使得思想政治教育情境对人们产生了强大的吸引力。而这种效果的实现主要是思想政治教学诗性语言情境实现了晦涩难懂的理论知识向优美形象的诗意化语言风格的转变，从而唤起了受教育者强烈的情感心理共鸣，使得其逐渐向教育主体的心灵世界靠近。

（二）红色文学熏陶法

通常在大众的认知中，“红色”是颜色类别的一种，象征着喜庆吉利，更深层次来讲，红色还包含着丰富的政治含义，如红军、国旗、党徽、红领巾等，都是带有无产阶级政治色彩的红。可以说，“红色”是无产阶级政治意识形态的代表，对世界无产阶级革命运动的不断胜利发挥着重要的指导作用。而作为文学家们描绘现实生活的形象艺术形式，文学也将丰富的内心情感世界进行了完美展现。改革开放后，红色文化开始得到文学界的研究和关注。所谓的红色文学是指出现在1921—1976年间，以反映无产阶级革命运动和工农兵现实生活为主要内容的文学作品的统称，同时，这类文学作品具有浓郁的民族风格、民族特色和民族气派。而之所以部分红色文学作品成为时代经典就在于它们所传递出的语言美、内容美和形式美，在于它们为读者所营造的一种积极审美体验的文学情境。在内容上，红色文学以质朴的语言、真挚的情感展现了人民群众的思想境界和生活愿望，也实现了红色经典艺术品格向大众化与通俗化的过渡。同时，红色文学情境所特有的政治宣传和思想教育功能，以及温馨健康的文学艺术情境氛围，激励了全民阅读红色文学作品的积极性和自觉性，使人们在感知革命战争时期的历史事件和社会风貌以及革命战士奋勇杀敌的英雄气概时，增强了自身的爱国主义情怀和民族认同感。

三、红色音乐渲染法

五四运动以来，对祖国的赞美、对领袖的歌颂、对美好和平生活的追求为主题的歌曲被称为红色歌曲，这类歌曲在激励民众投身中国革命、建设和改革的热情方面发挥了重要作用。红色歌曲起源于民谣山歌，具有句式短小、语言质朴、易于传唱的特征，它传播的革命思想受到了文化水平较低民众的一致认可和喜爱。音乐具有浓郁的艺术感染力，直击人的心灵深处，也因其积淀的审美体验产生了强大的行为力量。同时由于受到红色音乐艺术情境独特审美性的影响，人们的审美感受和审美情感得到了极大的丰富。作为革命岁月中感人故事和英勇事迹的有效传播载体，“红歌”是正确道德价值和理想信念凝结的结晶，是人民群众对革命事业必胜信息的彰显。它的题材主要源于人们在革命运动时期的劳作生活，在与中国传统文化的结合过程中，完成了对性格鲜明的艺术形象的塑造。红歌中的典型代表作之一《南泥湾》，由贺敬之填词、马克谱曲，创作于1943年，歌曲对延安大生产运动中，八路军投身垦荒种田、纺纱织布的英模事迹进行了生动再现。正是由于红色革命歌曲在思想道德文化内容上的丰富性，才赋予了红色革命歌曲强烈的思想宣传和文化教育作用。学校作为传统文化的绝佳传播阵地，可以开设红色歌曲特色专栏，由校园广播电台负责红色歌曲的解说和点评工作，更要积极引导各学院自主举办红色革命歌曲新唱竞赛活动，将政治思想文化和政治观点以热烈传唱的形式直达受教育者的内心深处，在校园范围内营造一种爱国爱党、热血青春的音乐氛围。红色歌曲普遍具有慷慨激昂的旋律和朗朗上口的传唱度，因此感召力和凝聚力都十分强烈。当受教育者将自己的心境与红色歌曲的主旋律情境相结合，就会形成一种如临其境之感，对战争的激烈场面、人们辛苦劳作的场景及对革命和建设的热情有更深入的感受，从而建立起自身百折不挠、艰苦奋斗的“红色品格”。

四、绘画雕塑鉴赏法

绘画雕塑鉴赏法通常包括红色绘画鉴赏法和革命雕塑鉴赏法两种。令人们沉浸其中无法自拔的绘画艺术情境充满着浓郁的革命气息，它能够对抗战时期革命战士们所处的艰苦卓绝的战争环境和坚定不移的理想信念有更直观的展示，从而使人们在对革命精神的传承过程中完成对美丽中国的建设任务。红色革命雕塑作品是对革命生活情境和人物性格形象的客观还原，是对中国共产党艰苦卓绝奋斗历程的生动展现，更是对人们潜移默化的影响。

（一）红色绘画鉴赏法

红色绘画作品的主题是对英雄的歌颂和对重大历史事件的展现，在中国传统文化艺术的发展过程中，红色绘画作品已经逐渐发展成为弘扬社会主旋律、宣传革命传统思想的中流砥柱。在创作红色绘画艺术作品时，画家们结合了时代精神和艺术手法，在新颖大胆的构图、瑰丽沉毅的色彩运用和高超精湛的技艺表现上，发挥了直击心灵的重要影响力。而红色绘画情境的功能性也具有双面性，一方面是怡悦性情的个人享用功能，另一方面是强烈的社会教化功能。它是对革命战士们英勇杀敌、追求共产主义坚定信念的折射，更承载了受教育者道德品性、爱国主义和理想信念教育的有效载体职能。与此同时，红色绘画承载着人们的情感因素，也象征着人们的理想追求，在这种充满革命氛围的绘画艺术情境中，受教育者对抗战时期革命战士们的艰苦战争环境与坚定理想信念有了更直观的感受和理解，更对社会中广泛流传的关于革命和社会主义建设的错误认识进行了澄清，从而使得共产主义的远大理想更加坚定。

（二）革命雕塑鉴赏法

作为造型艺术的一个重要组成部分，革命雕塑是在各种可雕刻的硬质材料基础上，对革命历史题材的反映、人物事件的纪念或社会环境的美化所采取的艺术化造型处理，它融合了美术家们独有的审美感受和审美理想，生动地再现了人物的神态性格和精神意志，更对雕塑家的审美情感心理进行了完美展现。从内容的选择上，雕塑家使英雄领袖和工农兵革命生活中的感人奉献事迹成为一种雕塑艺术，并为后人所传承与颂扬。在创作细节上，雕塑艺术家十分注重对人物细微表情、动作、环境、道具等的刻画，以及自身审美艺术理念与技巧的融合，从而使得他们手下的雕塑艺术作品更具生活化、艺术化和形象化。与此同时，红色雕塑所记录的中国共产党艰苦卓绝的奋斗历程，同样营造出了丰富的思想政治教学审美情境。因此，教师可以借助革命雕塑纪念馆这个环境，向学生们解说雕塑背后的历史事件及划时代的影响力。

对于社会文艺界而言，红色雕塑艺术展同样是其弘扬红色文化的重要途径，通过这种方式，可以对青年艺术家创新时代特色的革命雕塑表现风格发挥明显的激励作用。在新的历史时期，文化校园、城市广场、红色景区和纪念馆等公共场所已经遍布人物雕塑，而使这些静态雕塑的思想政治教学隐性审美功能得到充分发挥的有效途径就在于为其创设能够对革命生活和重大历史事件进行真实再现的雕塑艺术情境，给人以潜移默化的影响和震撼。当人们主动走进革命雕塑艺术展厅，一座座英勇挺拔、形象鲜明的英雄人物雕塑出现在面前时，一种强烈的静穆美和崇高美启迪着人的心灵，爱戴与尊敬领袖的情感便由心而生。同时，也正是在观赏这些再现真实历史情境的雕塑中，人们不仅了解到了战争的残暴无情，更感受到了人性的光辉与温暖。从这个角度来讲，雕塑艺术展现的是真实的历史情境，其意义在于让人们树立起牢记历史、勿忘国耻、自强不息的爱国主义情怀，除了为生活环境的艺术感添砖加瓦，更提升了人们的思想道德水平和审美理想。

五、戏剧影视赏析法

戏剧影视赏析法包括延安戏剧赏析法和红色影视赏析法两种。其中，承载着一定思想政治教育职能的红色影视情境通常会传递一种英雄主义精神，从而给欣赏者带来强烈的心灵震撼和审美道德人格的提升。

（一）延安戏剧赏析法

戏剧是一门集语言、文学、美术、歌舞等多种艺术形式的综合艺术，其主要表现形式包括历史剧、话剧、歌剧、秧歌剧。延安戏剧是在战乱四起的革命动荡时期形成的一种戏剧类型，戏剧艺术家们以各种文本道具、舞台动作、歌舞情境等戏剧要素为依托，极具艺术性和生动化地对党的主张和思想进行宣传，以实现工农兵群众的思想政治素养和道德文化素养全面提升的目标，同时调动人民群众参与无产阶级革命运动的积极性。而在传承延安戏剧的活动中，学校承担着重要责任，因此可以积极举办“延安戏剧表演”比赛活动，营造出思想政治教育教学内容与延安戏剧相结合的校园舞台情境，引导学生主动参与竞赛。与此同时，可以借助舞台道具等其他手段创设南泥湾开荒大生产运动的劳动场景，塑造一个个齐心协力、鲜活热血的工农兵形象，而在场景再现和人物塑造的过程中，也可给予学生对农民群众艰苦奋斗、自强不息的延安精神以更深刻的领悟。可以说，延安戏剧有机地融合了舞台艺术形式与党的思想观点、政治原则、道德准则，并将这些融合的结果呈现在受教育者面前，使观众的爱国主义情感得到激发，使中华民族自力更生、勤俭奋斗的优良美德得以传承，而这也正是延安戏剧所特有的鲜明思想政治教学功能的直接体现。

（二）红色影视赏析法

“红色”常常作为无产阶级政党领导的工人革命的象征，它不仅是一种火热的颜色，更代表着鲜血和牺牲。而影视是一种集合了电影、电视、纪录片、动画片等艺术形式的综合性视听艺术。“红色影视”顾名思义，是以1919—1949年间无产阶级领导的工人革命为主要内容，宣扬抗战艰辛、爱国主义、典型人物的典型事例等主题的影视作品，它取材于特定新民主主义革命时期的真实历史事件，以反映革命英雄主义的核心思想，经典代表作如《红色娘子军》

《延安颂》《太行山上》《红岩》等。

红色影视文化题材及情境的特殊性决定了其在思想政治教育层面的重大意义，通过技术手段创设的“红色影视情境”呈现在观众面前时，会在一定程度上给观众带来英雄主义精神的震撼和鼓舞，同时也培养了人们的道德意识与审美情感。为此，学校党委可以组织学生定期开展“校园红色电影放映”情境互动，社会各界力量也可通过“主旋律影视节”颁奖会演来展现战士们厮杀流血、英勇抵抗、保家卫国的革命情境，塑造一个个个性鲜明、有血有肉的英雄人物形象，从而进一步加深革命历史背景、真实革命事件等在观影者头脑中的印象，以弘扬与传承红色精神，使人们铭记历史、珍爱和平。而这种爱国革命情境会进一步激发人们学习红色革命精神（如五四精神、井冈山精神、长征精神、西柏坡精神等）的积极性，从而进一步提升人们的思想政治道德素养。

第四节　高中思想政治教学审美情境创设的现实意义

一、把握思想政治教学人文性

思想政治教学表现出非常明显的人文性特点，创设思想政治教学审美情境能够提高这门学科的人文美学精神，提高人们对于活动审美性的关注和重视，能够让思想政治教学和审美情趣深深地融合，除此之外，还能让思想政治教学的内容更贴近人们的日常生活，能够赋予思想政治学科生活化的特点。

（一）践行审美情境体验性教学

思想政治教学的认知活动是离不开情境的，道德知识的获取来源于一定真实情境的情感体验。审美情境体验性教育借鉴了情境教学和体验教育相关知识，教育者依据受教育者的审美心理发展规律有针对性地创设具有审美价值的情境氛围，引导人们产生积极愉悦的审美体验。把审美情境成功地运用到思想政治教学活动中，有利于人们产生审美情感上的共鸣，诗词绘画、歌舞话剧和音乐影视都为人们提供了感官上的审美享受。通过审美情境的艺术形式将社会所要求的思想观念和道德规范内化到人们的情感意志中，引导他们自觉形成正确的道德行为。教育者运用典型的革命英雄事迹来创设审美的思政情境，通过引入真实感人的故事情节，使原本晦涩深奥的观点变的通俗易懂，并唤醒了人们的审美意识，点燃了他们的求知欲望，能够准确地理解重大历史事件的发生背景及时代价值。每个人都是独特的生命个体，即使在相似的情境中，人们的情感体验和价值态度也各不相同。所以在思想政治教学审美情境的创设和安排中，教育者应全面地把握人们的生活态度、情感体验和道德品质，接受并尊重教育对象间的个性差异。营造一个交流融洽、信任友爱的情感空间，人们在审美情境中会坦诚以待、温暖热情，体悟审美的情感体验。

（二）提高思想政治教学亲和力

思想政治教育中，教育者和受教育者之间的连接是思想政治教学亲和力，亲和力能够让内容更具有吸引力，能够让教学表现出更多的凝聚力和感染力。在以往的思想政治教学中，教育内容的选择一般都由教育者来决定，这使得教育对象不愿意表达自己对教学的疑惑以及自己对教学的见解。但是随着时代的变化，无论是在思维方式还是生活观念方面，人们的想法都有了变化，人们显示出了更多的自我意识，传统的思想政治教学方法和社会发展之间表现出了明显的不适应性，人们越来越重视教学情境的作用，越来越认识到教学情境具有的感染性、认知性，人们发现教学环境、教学氛围的愉悦能够让人更积极、开心地参与到教学活动中，明显地提高了思想政治教学的话语力量。

具有审美特点的情境能够培养人们的道德情操，人们对情境的选择依赖于人们已有的审美认识。审美情境的创设主要受教育者和受教育者的共同影响，情境的内容主要受实践的影响，如果情境是亲近的、友善的、和谐的，那么将能够增加思想政治教学和教育者、受教育者之间的亲近感，能够激发学生的审美意识，能够让思想政治教学有更大的吸引力。除此之外，文化情境还受到教育者自身人格魅力和教育形象的影响，教育者在传递知识时还需要考虑到受教育者的文化水平，要让他们循序渐进地获得话语自信。

（三）推动思想政治教学生活化

思想政治教学的出发点应该是社会生活，现实生活为思想政治教育提供了很多素材，如果从相对抽象的理论教学角度出发，则会让思想政治教学的亲和力有所下降。而从实际情况出发、从经验中逐渐认识理论，然后再将理论应用到现实生活中才是正确的思想政治教学过程。在审美的情境中，人们能够感受到氛围带来的愉悦感，会产生想要了解思想道德知识的动力，也有利于人们将思想政治知识应用在实践中，审美情境的策划可以用多种多样的方式，比如可以选择歌唱激动人心的红色歌谣，这种方式有着天然的亲近力，能够让人近距离地感受真实事件中的革命情怀，能够唤醒人们道德深处的爱国精神，集体精神有助于人们学习革命文化。

创设审美情境并不是单纯地为了思想政治教学感官上的愉悦，更多的是为了唤醒学生意识深处的自我精神，激发出他们自主学习的动力、自主决策的基本能力，使他们能够对其他的情境做出理性的选择。生活中充满了各种各样的美，教育者可以寻找生活中能够体现美的情境资源，然后充分利用情境的审美作用展开思想政治教育活动，比如教育者可以带领受教育者参观红色革命遗址，感受战争时代人们度过的艰苦岁月。在具体的情境中，人们的道德觉悟意识会被激发出来，有效地提高了思想政治教学的效果。在新的信息时代，文化载体的形式也变得多种多样，比如出现了数字电视、直播以及微博等新的文化载体，教育者也应该充分利用这些媒体传播思想政治观念，为人们创造出他们喜爱的审美情境，这对于我国革命精神的传承是非常有益的，与此同时，还能够吸引人们的注意，让人们更加关注社会时事热点，能够让思想政治教学更加生活化。

二、拓展思想政治教学视域

（一）开展情境教学，提升思想政治教学参与度

情境教学是增强思想政治教学实效性的一种重要途径，具有审美价值的政治文化情境创设，是新时代下思想政治教学回归社会现实情境的必然结果，有利于满足人民群众对美好生活的向往。传统的思想政治教学疏离了人们的真实生活情境，片面强调道德规范和政治观点的理论灌输，忽视了个体的情感需要和审美追求。情境教学是一种艺术性思想政治教学方法，教育者可以根据教育对象的心理特点和生活环境巧妙地创设舒心宜人的审美情境，运用动画、歌舞、小品和话剧的艺术形式，生动活泼地再现典型历史事件与人物性格形象。当人们走近这样的审美情境时，仿佛身临其境，万千思绪萦绕于心，使真实的情感不禁流露出来，并萌生了要主动学习知识的想法。

艺术语言能够传达出独特的诗意美。教育者可以充分利用这一点，向学生传递相对抽象的理论，这能够充分调动学生的感官，让学生理解并且在脑海中勾勒出具体的画面。这种教学特点是为学生创造一个绘声绘色的情境，使教育者和受教育者进行深度的情感交流、价值交流，受教育者更愿意参加这样的情

境活动，他们能从活动中获得更多的愉悦感。举例来说学校可以在历史事件的纪念日、周年日等时间开展教学活动，设置多种多样的情境，让人们通过情境的桥梁感受更多的革命品质、革命道德、革命精神。

（二）融合审美教育，加强思想政治教学艺术感

审美教育极大地推动了思想政治教学和艺术教学的融合。审美教育能够提高学生的审美能力，能够让学生全面健康地发展。我国开展的审美教育遵循的是马克思主义美学理论，在理论的指导下，在理论创造的情境中，受教育者的审美观念、人生观念和价值观念都会自觉地形成，在创建思想政治教学审美情境时使用了很多的美学理论、美学知识，添加了很多中外闻名的文艺作品，鉴赏了非常多知名的有意义的世界文化遗产，极大地丰富了人们的审美，提高了受教育者对美的感悟能力、创造能力、欣赏能力和传递能力，让受教育者成了具有审美思想的学识渊博的人。思想政治教学审美情境的创设既能够让学生感悟思想政治的本质，也能够让学生获得良好的体验感。

审美教育使理智和道德进行了充分的结合，在教学认知内容中融入了理智教育，并且在能够体现艺术的活动中融入了理智教育。整体来看，思想政治教学中包含了非常多的审美元素，审美教育和思想政治教育无论是在教育目标、教育作用还是教育方法上都有极大的共通性，这也是审美教育能和思想政治教育进行结合的一个重要原因，所以如果在思想政治教育中应用审美艺术的方式，那么可以极大地陶冶人们的情操，美化人们的心灵。

（三）嵌入情感教育，强化思想政治教学感染力

在思想政治教学过程中加入情感教育能够唤起受教育者的情感，能够通过情感教育让受教育者接受的情境活动带有审美元素，能够让活动中的学生获得更好的、更愉悦的审美体验，也能够培养学生的审美习惯。情感教育的教育方法是通过为学生创设丰富多彩的情境来影响其心理，并且以此和学生展开情感心灵的沟通，影响其内心观念，进而影响受教育者的思维。举例来说丰富的对话情境、绘声绘色的歌舞情境以及充满人物事迹的故事情境都能够在情感上熏陶学生，使他们获得好的情绪体验，帮助他们形成具有审美特征的道德素养。

在中华人民共和国成立70周年纪念日到来之际，全国各地开展了非常多的主题情境纪念活动，举办了非常多和革命相关的文艺汇演、读书会、放映会，这些情境活动的举办激发了学生的爱国情感，使他们产生了非常强烈的情感共鸣，更加积极地投身到中国特色社会主义的建设中，更努力地学习知识和道德文化。在思想政治教学中，每一个环节都可以加入情感教育，教育者需要结合教育的环境氛围为学生创造能够提高审美体验的情境，培养受教育者的思想道德以及政治情操，情境能够传递出丰富的美感，情境能带给人舒适、活泼、优美的感觉，这能够让受教育者感同身受，所以教育者应该充分利用审美艺术方式，为受教育者创设适合的教学情境。比如说，教育者可以选择激动人心的红色歌曲，纪念革命活动的影视动画，除此之外，参观革命遗迹、欣赏壮阔的大好河山景色等也都可以成为教育者为学生创设情境的资源，选择这些资源能够激发学生的道德情感，提高学生的审美水平。

三、促进人性的自由全面发展

（一）提升情境认知能力

思想政治教学应该避免单纯的知识灌输，而应该与历史和现实生活相联系，通过创设与历史和现实生活相关的情境，传输思想、政治观念以及思想政治道德内容，创设出的思想政治教学情境不仅能够提高学生的审美水平，还能够提高学生的认知能力，在温馨的情境中，学生可以潜移默化地学到红色知识，其信念也会更加的坚定。可以说思想政治教学离不开情境，脱离情境的知识是不鲜活的，也无法提高学生的认知水平。思想政治教学审美情境应该和认知活动充分地结合。审美情境应该发挥自身对教学的重要影响，举例来说思想政治教学审美情境可以利用红色标语、红色电影、革命遗址、红色歌谣等形式传递思想政治的知识和主张，通过这些形式和载体，人们能够获得更高水准的认知，提高审美创造能力。受教育者在审美情境中会自觉地选择和接受审美情境传递出来的教育观点，选择依赖于受教育者自身的知识结构和审美经验，通常情况下带有革命精神的歌舞、影视剧情境、故事都能够提高学生的审美体验和情感认知，能够让他们更深刻地感受到思想政治教育的魅力。在教学过程中审美情境通常都是由教育者选择和设置的，因此，审美情境内容的水准直接和教育者的认知水平相关，教育者应该拥有丰富的经验、知识和良好的文化底蕴，这样才能为受教育者创造愉悦的审美情境，才能够提高审美情境对受教育者的影响力。除此之外，教育者丰富的经验、高水准的认知也能够让教学活动更融洽、更和谐。

（二）完善道德情感经验

道德情感指的是在道德情境中人们获得的情感体验，情感上的认同能够将人潜意识中的道德转化为具体行为中的道德。道德行为能够让人和其他人友好地交流相处，审美的力量能够让人感受到现实生活情境的美好，能够让人意识到生命的美妙，能够让人在幸福的感觉中将道德认知转换为道德行为，审美是产生道德情感的前提条件，举办审美活动能够更好地激发人们的道德认知，能够升华人们的道德情感，让人形成具有审美的道德品格。

道德情感包括对民族的认同感、在社会中生活的集体感与责任感，还包括个人的自尊感，道德情感的特点是容易随着时间的流逝而逐渐淡化，所以，要不断地培养人们的道德情感，让道德情感更加深刻。审美情境的创设能够让人们在和谐优美的情境中累积丰富的情感经验，能够让道德情感长久地持续下去，而且审美情境为人们展现了非常生动、形象的革命场景，这些场景能够让受教育者深刻地体会到当时革命的艰辛，能够获得情感上的深刻体验，有助于受教育者道德情感的稳定，比如红色革命歌曲非常的激动人心，它传递了共产主义的革命思想和理想信念，传递出了人民群众内心最真实的情感。

红色歌曲创造的情境仿佛把学生带回了当时的抗战岁月，让他们真实地体会到了当时战士们不怕牺牲、为革命英勇奉献的真挚革命情感。通过创设审美情境可以让受教育者在红色情境氛围中加深自己的道德认知，提高自己的道德情感，成为一名合格的、完整的社会主义接班人。

（三）培育理想审美人格

审美人格属于人格境界中的最高人格，它代表的是人类崇高的审美理想，与此同时，它还是人们实际生活中的需求。审美人格具有美学意义，具有了审美人格就代表这个人的精神面貌达到了一定的美的境界，这个人的精神具有了自由、和谐等基本特征，思想政治教育审美人格指的是教育者和受教育者在审美方面的情绪和感受，创建思想政治教育审美情境能够让教育者和受教育者的灵魂感受到来自美的熏陶，有助于受教育者形成具有审美特点的道德人格。需要注意的是人和人的道德人格审美都是有差异的，审美人格不是一朝一夕就能形成的，需要在活动中不断地积累，不断地提高自己的审美体验。

伴随着我国经济的发展，很多外来文化也逐渐地渗透到了我国，外来文化影响了我国人民的思维、观念、喜好等，尤其是年轻人受到的影响颇大，这不利于我国年轻人文化的积淀，也不利于道德的传承，创设思想政治教学审美情境能够很好地解决这一问题，思想政治教学审美情境为我国年轻人道德人格的养成提供了一种新的方法。创设思想政治教学审美情境的载体有很多，文艺是非常重要的一个方面，无论是绘画、歌舞还是影视剧，都能传递非常多的道德观念和文化思想。教育者应该在创设情境的时候融入和文艺相关的内容，让受教育者在情境中有更多的美好体验。审美情境的创设需要参考人们的审美知识结构，要根据人们审美知识结构的特点创设情境，只有这样才能唤醒人们内心深处的革命意识，也只有这样才能满足人们在审美方面的需求。

第六章

高中思想政治教学中问题情境的创设

第一节　高中思想政治教学问题情境创设定义与原则

一、问题情境与问题情境创设的界定

（一）问题情境的界定

人们在认识某个事物的过程中一定会遇到困难和疑问，问题对于主体来说一直是存在的。问题情境是认识的主体想要解决问题的一种心理，主体必须参与其中，不存在没有主体的问题情境。人们主要通过以下几个方面来认识问题情境：

（1）问题情境可以拆分为“问题”、“情”和“境”三个方面，所面临的疑问是问题，学生的心理是情，客观存在的外部环境是境。

（2）问题情境是学生全身心地投入对某个问题的研究探索而形成的一种氛围，因问题情境引起真实的教育问题而产生的，社会或者日常生活中所面临的疑难是问题；课堂教学中因为问题而产生的讨论或探索的氛围是情；由问题组成的学习领域是境。

（3）主体和客体的思维上相互影响而产生的问题情境具有特殊性，它是一种心理状态，是由于主体在完成任务过程中所发现的新的、自身还未了解的知识或动作时产生的。

（4）当个人无法理解事物时，就会与客观世界产生矛盾，形成问题，问题情境是一种心理上的困境，学生在学习过程中对新知识的探索、研究新问题的目标以及解决任务时存在的可能性都属于问题情境。

（5）设定具体的情境，要求学生根据教学内容回答相关的问题，提出问题引发学生思考，激发学生的学习积极性和探索的热情，实现学习目标。在学生创新意识培养的过程中，让学生进入到探索和解决问题的氛围中，注重培养学生的问题意识和解决问题的能力。

由此可见，问题情境主要的因素包括问题和情境两个方面，它不仅是向主体提出疑问，要求主体解决课堂教学中的问题，也不只是为了活跃课堂氛围的教学情境。从教育学角度来看，问题情境融合了教学内容和教学目标，从学生的日常生活中取材，以问题的形式呈现出来，使学生想要解决问题却无法解决，从而产生一种矛盾的心理，激发学生的求知欲，使其主动探索解决问题，形成良好的学习氛围。

（二）问题情境创设的界定

创设指的是创造条件并着手建立，教学中问题情境的创设指的是课堂教学过程中，教师或者学生创设某种学习情境或氛围，实现一定的教学和学习目标，让学生处在适合学习的氛围中，心理上产生想要解决问题而无法解决的矛盾，激发学生的求知欲和探索精神。教师和学生是课堂的主体，教学情境的创设需要师生的共同配合，创设教学情境是一个长时间的过程，而且是不断发展变化的，并非一成不变，主要包括教学情境的设计、教学情境的具体展现和课堂上对学生的引导，带领他们感受情境。

高中思想政治教学问题情境创设需要教师根据思想政治教学的目标与内容和高中学生的发展特点，综合考虑高中生的知识储备和现阶段发展的特点，设计思想政治学科的问题，创设良好的情感氛围，为学生提供更加新颖、有探索性的学习问题，与学生生活实际相关联，并通过不同的形式呈现给学生，让学生产生想要解决问题的矛盾心理，激发学生的求知欲，使其产生浓厚的学习兴趣，进而获得良好的情感体验。

二、高中思想政治教学问题情境创设的原则

（一）问题情境创设的启发性原则

高中思想政治课学科的特点是注重理论，内容比较抽象，而且过去很长时间的课堂教学都是以教师传授知识、学生被动接受为主，所以高中思想政治

课堂教学氛围不是很好。加之目前重视考试，很多学生对思想政治学习没有兴趣，很多问题无法理解。

创设良好的问题情境可以有效激发学生的求知欲，使其主动探索和解决问题。能够提出正确的问题对解决问题十分有利，要提高课堂教学的效果和质量，需要有一个良好的教学开端作为基础，在教学过程中，创设问题情境是最关键的环节，应让学生主动分析和解决问题。因此，教师设计的问题要有创意和探索性，这样才能激发学生的学习兴趣，使其积极参与到问题研究中。教师需要根据课堂情况引导学生参与问题情境。并且给学生思考的时间和空间，让学生自己去发现问题。

（二）问题情境创设的适度性原则

问题情境创设的适度性原则主要是问题的难度、广度和问题数量三个方面的适度性。

第一，教师在设计课堂问题时，要考虑到学生思考问题的空间和水平。不能设置范围太广的问题，这样不利于教师对课堂整体节奏的把控，学生也难以把握思考的范围。问题情境的创设，要考虑学生知识水平和能力，培养学生的发散性思维，使其学会拓展和延伸。

第二，情境问题的创设难度要适中，应考虑当前高中生认知水平发展的特点。俄国心理学家维果茨基提出的最近发展区理念认为学习应该在个体现有知识的基础上有所提高。所以问题情境的创设难度要高于高中生现有的认知水平，但要低于潜在水平。不能设置太简单的问题，这样学生无法深入探索，也无法启发学生。而如果问题太难，就会让很多学生望而却步，失去解决问题的信心。不同学生的知识水平和能力是有差异的，教师在创设情境问题时要考虑到不同学生的情况。

第三，要注意课堂问题的数量，不宜过多。问题情境能有效激发学生的求知欲和探索欲，培养学生的问题意识，但是要注意课堂问题不宜过多，否则会让学生失去学习的积极性。所以教师在设计问题情境时要把握好问题的数量，不能太过简单或太难，也要减少重复性的问题。

（三）问题情境创设的生活性原则

教学要与学生的生活实际紧密相连。教育家杜威的教育思想强调教育就是生活，应把教育和生活紧密联系起来，教育者要学会如何将二者紧密结合。

教师在设计问题情境时，应该考虑到学生的生活实际，从日常生活中选取常见的情境。当学生置身于熟悉的场景中，心理上会产生亲切感，更容易引起学生情感上的共鸣，对于提高学生学习兴趣、激发学生学习动力具有更好的效果。同时教师选择的案例与素材不能是虚构的，要真实可信。如果选择一些虚假的故事，强行与学生的生活相关联，可能会获得相反的结果。教师应该在日常的生活和课堂教学中多观察学生，了解学生的日常生活和思想情感。高中思想政治课教师也应该紧跟时代发展，多关注当前的热点问题。

（四）问题情境创设的开放性原则

问题情境创设的开放性原则要求所设置的问题不能束缚学生的思维。现代教育中注重培养学生的创新精神和创新能力，所以教师要给学生独立思考问题的空间，培养学生思考的能力。首先，要让学生自由思考，不要过多的干涉，更不能让学生按照自己的思路去想问题，应该给学生更多的鼓励和思考的空间，引导学生发散思维，提出问题。其次，教师要营造良好的教学氛围。课堂上教师占据主导地位，学生往往不敢提出自己的质疑，这样的问题情境创设是失败的。因此教师要营造平等和谐的课堂氛围，与学生平等交流，认真听取每个学生的观点，鼓励学生大胆表达自己的看法，并对表现优异的学生提出表扬。

（五）问题情境创设的综合性原则

高中思想政治教学的问题情境创设要结合思想政治学科的特点。与其他学科不同的是，思想政治课程综合性较强，高中思想政治课程内容比较广，与经济学、政治学、文化学、哲学等多个学科相关。与此同时还有法律、逻辑思维等内容，这就使得思想政治学科的内容更加丰富。所以教师在创设问题情境时，要注意与其他学科相结合，帮助学生全面掌握知识。思想政治课程具有综合性，这就要求教师不断提升自己，丰富自身知识，对其他学科的知识也要有所了解，在生活中多积累教学素材，这样才能呈现出更好的课堂教学。

（六）问题情境创设的实践性原则

高中思想政治课问题情境创设具有较强的实践性。思想政治学科一方面要培养学生的知识性和思想性，另一方面也要让学生树立正确的价值观念，强调学生知识转化的能力，在实际中运用知识解决问题，将内在的思想道德外化于生活和实践中。所以，在创设问题情境时，思想政治教师要引导学生参与到活动中，让学生亲自去体验。除了模拟情境，如果有条件还可以让学生处在实际情境中，比如带领学生参观或访问某个地方，让学生多参加社会实践活动。

第二节　高中思想政治教学问题情境创设准备策略

一、关注思想政治教师的专业技能

（一）完善专业基础知识

1. 教育心理学知识

教师劳动是一种特殊的活动，具有示范性、对象的特殊性等相关特征，这就对教师提出了更高的要求，要求教师具备专业素养，而且要注重教学能力的提升，要有终身学习的意识和觉悟，这样才能做好教学工作。在高中思想政治课堂中，创设问题情境需要政治教师有健全的知识体系，只有在此基础上才能成功地创设问题情境获得好的教学效果。高中思想政治教师一定要掌握教育心理学、教育学的相关知识，掌握心理学知识能够让教师准确分析学生的学习状态、个人情感状态，能够帮助教师了解学生，走进学生的内心，有针对性地帮助学生，实现学生的整体发展。举例来说，教师应该了解学生在高中阶段时容易发生哪些心理问题、心理情绪，有哪些发展特点，只有在了解的基础上教师才能恰当地处理学生的心理问题以及学生的学习情绪；只有在了解的基础上教师才能疏解学生的情绪，帮助学生解决情绪困扰，可以说心理学知识是一名合格的教师必须要学习、必须要具备的。教育心理学指出了学生的学习规律、心理发展规律、认知规律、感觉记忆规律、道德发展规律等内容，可以有效地帮助教师开展教学。

2. 思想政治学科专业知识

高中的政治教师要保持不断学习的状态，要让自己的专业知识结构越来越完善，思想政治的教师涉及的专业知识主要有思想政治学科的相关知识、科学文化的相关知识、教育理论知识以及教育实践知识。思想政治专业知识的特点是除了包含思想政治教育学科的基础知识，还涉及到教育学的相关知识，而且内容和时代的关联性非常强，所以教材内容经常会发生较大的变动，会根据时代发展对教材内容做修改和补充，所以政治教师一定要维持不断学习的状态，要有终身学习的观念，要掌握行业的发展动态，不断地根据教材完善自己的学科专业知识结构，与此同时，思想政治教师还应该扩展专业知识之外的相关内容，因为政治学科不仅涉及教材中的内容，还涉及一些政治常识和政治学科的发展史等相关知识，如果思想政治教师能够做到专业知识体系的完善和课外知识的拓展，那么思想政治教师便能够更好地为学生创设问题情境，能够有效地提高思想政治的教学实效。

要想拓展和完善自己的知识体系，思想政治教师可以利用空闲时间进行自学，自学需要注意的是，学习内容应该包含心理学、教育学、教育心理学以及其他领域的理论知识。自学的途径有很多，如网络途径、书本知识或者教育实践等，都能够让教师完善知识体系。除此之外，教师也可以阅读学习本领域内的理论知识，教师所在的学校、所在的城市都会有图书馆，图书馆中有非常多的专业图书资源，教师可以充分利用这些资源进行学习。现在网络越来越发达，网络上有很多获取资源、学习知识的途径，比如教师可以登录相关的网站学习思想政治理论知识，教师也可以关注微信公众号获取思想政治教育学科资源。总的来说，教师应该在课外的时间内充分利用时间进行自学。

教师的培养离不开外部资源的支持，社会和学校应该为教师培养提供帮助。在教师入职前，应该加强对教师专业知识的考核，考核标准要严格，提高教师入职前的知识储备达标率。除此之外，学校对教师的培养方案也应该及时修订和完善，加大对教师心理学知识、教育学知识的考核难度，考核不应该只停留在表面相对浅显的知识层面上。要想培养出优秀的政治教师队伍，就应该提高师范生的整体水平。

教师在入职后应该进行持续不断的学习，学校也可以邀请思想政治领域内的专家对教师进行培训，让教师及时了解领域发展的最新动态，除此之外学校也可以在校内举办政治学科领域内的知识竞赛，知识竞赛的结果可以和教师的考评联系起来，这能够提高教师参赛的积极性。

（二）提升教师教学提问技能

教育专业技能是一位合格的教师应该具备的基础技能，对于社会发展来说，教师这个职业是必不可少的，而且它具备较强的专业性，要求教师要具有教育专业技能。目前教育行业已经发展出了一套相对完善的技能体系，技能体系要求教师掌握教学设计、媒体使用、课堂教学、活动组织以及教学研究等技能，只有掌握了技能教师才能够更好地完成教学任务。

在思想政治课上创设问题情境有一定的教学要求。教师应该掌握问题提问的技能，课堂提问是严谨的，并不是在随意的时间随意地提出任何问题，也不是为了让课堂结构更加完整而象征性的添加提问环节，提问是有自己的环节价值和目的的，教师应该掌握提问技能，通过问题的提出完成教学目标。教学提问技能的掌握可以利用模仿和探究的方式，举例来说思想政治教师可以学习优秀教师的教学课堂设计，也可以学习专家的授课过程，观看专家的授课实录，研究优秀教师和专家是在课堂的哪一部分展开的提问、以哪一种方式进行的提问、提问涉及了哪些内容，然后和自己的课堂设计作对比，找出差距，模仿和研究的方式能够有效地提高教师的提问水平。除此之外，教师应该在日常的教学实践中不断地磨砺自己的技能，教师要选择具体的提问方式，设计提问内容，并且预先设想提问的整个过程，教师可以针对提问制定“技能评价表”，记录自己的提问过程，反思和评价自己的技能水平存在的问题以及需要提升的方面。

（三）关注教师自身的综合素质

高中思想政治教学中问题情境的创设需要教师设置具有新颖性、趣味性、真实性、生活性的情境，这对教师的综合知识储备和教学素材和案例的搜集提出了严格的要求。因此，高中思想政治教师要关注自身的综合素质是否达到了应有水平。

1. 优化教学知识结构

高中思想政治教师要优化自身的知识结构，高中思想政治是一门综合性强的课程，其课程内容体系涉及经济学、政治学、哲学、法学等多学科领域的知识，教师需要大致把握各个领域的学科背景知识。同时，教师在教学过程中要注重思想政治与语文、历史、地理、数学等各学科间的相互交叉、相互渗透，很多时候，教师会以其他学科的知识作为政治课教学的案例和情境。选择学生熟悉的其他学科的内容，有利于学生更好地吸收和掌握教学内容，能极大地优化教学效果。为了提升高中思想政治教师的人文素养，教师可以利用周末等闲暇时间阅读经典名著，用优秀的文学作品来陶冶心灵。为了深入了解其他学科的相关知识，高中思想政治教师除了通过阅读书籍资料自学外，还应该加强与其他学科教师之间的交流和沟通。例如，思想政治教师不但需要观摩学习本学科教师的教学课堂，同时也可以听取其他学科教师的授课，除了学习优秀教师的教学经验和教学技能外，也能够学习到新的知识和理论。

由于高中教师的工作任务重，教师可以有针对性地选择听课时间、频率和听课内容。为了保障听课效果，教师可准备专门的“学科知识听课本”，有计划地进行整理和归纳。各科教师也可以利用正式或非正式对话这类学习资源，在日常的生活中相互补充和完善自己的知识。

2. 积累教师教学素材

思想政治教师在创设教学情境的时候应该考虑到学生的需要教学的需要，要创造和学生需求、教学目标相符合的教学情境，这对教师的素材积累提出了一定的要求，教师在日常的工作中要注意收集资料、整理资料，只有这样才能在备课的时候选择出适合的素材。资料的收集和整理一定要实现常态化，应该避免临到需要才开始收集资料的情况。

首先，素材资料的收集应该涉及不同的类型。陈振利认为教学资料主要有三个方面，一是教学类的资料，二是试题类的资料，三是综合类的资料。教学素材也分为不同的种类，如音频、图片、视频、文本等，教师应该根据人类获取信息的渠道收集不同的资料资料，应该包含视觉、听觉、嗅觉、味觉、触觉五个途径的资料，资料的选择应该符合学生的兴趣需求，能够吸引学生的兴趣，激发学生学习的主动性。

其次，教师要学会利用多渠道、途径来收集资料。（1）教师利用电子资源获取素材。例如观看“新闻联播”、收听新闻电台、收看电视、观看电影，搜索思想政治资源库，合理使用各类分享简短实时信息的网络社交软件，如新浪微博，还要充分利用一些学习类软件。“学习强国”这款APP适合高中思想政治教师使用，里面综合了各类时政要闻，重要活动、重要会议和重要讲话，便于教师收集时政素材，提高教学素材的时效性、时代性；（2）教师利用纸质资源获取素材，订阅“人民日报”，阅读高中思想政治教辅书籍、报刊和其他类型的书籍。教师要将素材积累培养成习惯，有素材积累的敏感度和强烈的意识，在遇到好的案例时，能够及时做出相应的反应；（3）在日常社会实践中积累素材。思想政治课具有很强的时代性和实践性，这要求教学情境的创设要具有生活性，贴近学生的生活。教师可以将自己的亲身经历，所见所闻或身边人的故事加工成教学素材，与思想政治课教研组教师共享教学资源等。

需要强调的是教师应该对收集到的素材定期进行归纳和整理，如果不对素材进行整理和归纳，那么时间久了，素材可能会堆积得很杂乱，不利于教师的查找使用，也有可能会导致素材彻底被教师遗忘。教师可以组建自己的电子素材库或者是文本素材库，对收集到的资料进行整理与分类。电子素材库建立主要是为了收集电子形式的视频、图片、音频等资料，这类电子资料可以是教师从其他平台下载的，也可以是教师自己制作的。除此之外，还要注意的是，电子素材库中应该设有不同的主题，应该根据素材的主题进行分类，以便于教师提取和使用素材。文本素材库的建立主要是为了收集文本类的素材，文本素材可以是教师自己摘抄的，也可以是打印出来的，教师也可以直接复印文本资料，这样可以节省教师的时间和精力。

二、提升问题情境创设的针对性

（一）找准问题情境设置点

1. 结合学情设置问题情境

第一，需要根据学生的兴趣创设情境。情境的创设要结合学生的认知基础，教师需要从学生的基础情况出发，创设出有利于学生积极学习、主动学习的情境，所以教师应针对学生感兴趣的话题创设问题情境。一般来说，高中时代的女生比较喜欢电影、电视剧、明星、娱乐新闻等内容，男生比较喜欢游戏、体育和运动，教师在选择素材的时候，可以在一定程度上倾向于选择以上素材，但是需要注意的是要掌握好素材的使用尺度，不可以让课堂过度娱乐化，应该引导学生产生正确的认识。

第二，问题情境的设置应该要解决学生的困惑。高中思想政治课应该注意到高中学生和小学、初中的学生处于不同的理解水平，所以高中生在学习中遇到的困惑主要来自两难的问题，对于有确定性答案的知识，高中生一般都能够正确把握，往往是需要辩证的问题，学生可能无法做出正确的判断，所以在问题情境的设置中，教师应该针对学生的疑问和困惑设置问题。

第三，问题情境的创设应该针对学生的学习难点和疑点。在日常的生活中，学生可能会遇到某些现实问题，并不能应用他学的知识去解决，其实社会上难免会存在一些和知识相互背离的言行，面对这样的社会现象是学生难免会出现质疑，虽然说学生已经掌握了正确性的知识，但是知识和品德之间还需要历经知、情、信、意、行的过程，只有经历了过程的每一个环节，才能让教育成为成功的教育，所以在问题情境创设的过程中，教师应该针对学生可能出现的质疑创设情境，解决学生存在的疑问。

2. 针对重难点设置问题情境

课堂教学时间是有限的。教师应该注意教学情境的设置要有针对性，除了设置教学情境之外，教师还要给学生单独的、独立的思考时间、理解知识的时间。而且并不是所有的知识和问题都适合创设问题情境，只有一些需要同学探讨原因、探讨做法的题才有设置情境的价值，教师应该注意到同一个群体的学生学习的重难点是相同的，应该针对学习重点设置问题情境，因为学习重点才是学习的中心和核心部分。

如果学生群体属于不同的类型，那么教学难点也是不同的，所以教师创设的问题情境也应该有所不同。一般情况下教学难点指的是学生不太容易掌握、不太容易理解的知识，可能是知识难度比较大，也有可能是情感上不容易接受，也有可能是知识和其他的知识点比较相像，容易弄混，针对这样的情况思想政治教师一定要抓住学习的重点和难点，针对学习困难的地方创设问题情境，以有效地解决教学的重难点。

3. 定位教学目标设置问题情境

设置问题情境时要有一定的目的性，不要为了创设问题情境而去创设问题情境，有一些教师在经验不足的情况下，会没有目的性地创设问题情境，虽然活跃了课堂气氛，但是却没有提高教学效果，虽然表面上看起来学生积极参与了课堂学习，但是学生却没有从参与中获得真正的知识。

教师在确定教学目标的时候，应该结合教学内容和课程的整体发展目标，思想政治教育这门课程的课程目标是培养出具备精神素养、法治素养、政治认同素养以及公共参与素养的学生，让高中生能够通过学习政治课形成社会认同的价值观念，教师一定要带有目的性的去创设问题情境，要加深学生对知识的理解，要提高学生的解决问题的能力，还要引导学生形成正确的价值观念。

（二）明确问题情境呈现的时间点

1. 新课导入设置问题情境

在一节课的开始阶段一般是进行新课的导入，新课导入是非常重要的，课程的良好开始能够让学生在整节课当中都有学习积极性，能够让学生主动学习，但是在课堂最开始的时候学生的情绪可能还没有从课间休息当中缓和过来，此时学生的注意力比较分散，教师可以在这个时候适当地抛出问题，问题能够引发学生的好奇心和想要探究的动力，能够让课程顺利地开展。

导入新课的方法是多种多样的，比如教师可以从以前学过的旧知识引入新知识，也可以利用影视、图片、音乐等引入新知识，还可以借助传说、故事、童话等导入新知识，创设问题情境只是众多方式当中的一种，在设置导入问题的时候，教师应该选择有挑战的、能吸引学生兴趣的问题，只有激发出学生的好奇心和想要探究的欲望，学生才能顺利进入学习状态。

2. 课堂讨论设置问题情境

思想政治课程的开放和实践环节使学生的主体地位得到了充分的体现，教师在课堂中设置讨论环节会消耗大量的课堂时间，所以讨论环节一定要讨论学习的重点和难点。思想政治的内容有一些是比较枯燥的，还有可能会引发学生的抵触，教师一定要通过问题情境的创设将比较枯燥、难懂的问题引导出来让学生进行讨论，在讨论的教学情境下，学生会更愿意主动地分析问题、思考问题。

课堂讨论的形式能够让不同学生的思维发生碰撞，设置问题情境的方式能够使学生产生思维交流的火花，学生可以根据自己对问题情境的理解给出自己的观点，不同学生不同观点的碰撞才是真正的课堂讨论，讨论的过程需要强调的是教师要把握住学生心理困惑产生的时机，及时地解答学生的疑惑。与此同时，教师还要注意留给学生独立思考的时间，要让学生自己去感悟情境的含义，当学生理解了情境的意义后，再提出事先准备好的问题，一定要避免为了讨论而讨论。

3. 课堂小结设置问题情境

课堂总结是对整节课的学习内容进行的精华浓缩，做好课堂总结这一环节能够让整个堂课的效果得到提升，课堂总结能够帮助学生回顾这节课的内容，能够帮助学生查缺补漏，开拓学生的思维，让学生在课后继续探索课堂知识。课堂小结有非常多的方式，比如首尾呼应、比较、练习、探究、总结归纳等。

在具体选择课堂总结方式的时候，教师可以根据课程内容来定，可以在课堂小结时提出疑问，激发学生的好奇心，让学生始终保持对知识的探究欲望，这种方法也可以促进学生自主学习。需要注意的是，疑问的提出并不是将问题简单地告诉学生，问题的选择要有一定的关联性，要有让学生思考的价值，还要让学生产生思考的冲动。

三、情境素材的选取策略

（一）筛选恰当的材料类型

思想政治教学是有目的性和针对性的，教师在选择素材的时候应该考虑教学的需要、学生的需要，有针对性地选择素材。

第一，从性质的角度对素材进行分类，可以分为正面素材、反面素材。反面素材有非常强的时效性，但是反面素材也有非常明显的缺点，它的负面性容易给学生造成不好的影响，容易让学生形成不正确的价值观念，可能会对学生的某些行为产生不利影响，让学生做出错误的选择，所以在选择反面素材的时候教师要对学生进行正确的引导。

第二，从情境素材的角度对素材分类，可以分为以下几种：一是名言和哲理故事，这类的素材能够传递一定的道理，但是要注意素材和学生以及教学内容之间的契合度，如果关联度不强，教师可以对素材做出必要的修改；二是时事新闻，这类素材一定要注意素材的时效性以及素材的政治性是否正确，因为思想政治课要求价值观念正确，要求有时代性，所以一定要考虑到时事新闻的这两个特征；三是漫画以及音乐素材，这类素材最明显的特点是趣味性、娱乐性，能够让学生轻松快乐的学习，需要强调的是教师要掌握好娱乐和趣味的程度。

第三，从表现形式对素材进行分类，可以分为以下几种：一是认知发展类的素材，这类素材能够拓宽学生的视野，让学生了解更多课外的知识，但是要注意这类知识的应用要和学生的理解能力相匹配，否则可能会造成学生的抵触；二是情绪发展类的素材，这类素材注重学生在情境当中的感受，强调通过情感帮助学生学习，它的感染性非常强，教师在使用这类素材时应该充分挖掘素材的情感内容，通过情感感染学生；三是行为发展类的素材，这类素材主要是通过指导学生的行为来养成学生的行为习惯，这类素材为学生树立了行为标杆和行为榜样。

总而言之，教师在选择情境素材的时候一定要选择具有针对性的、符合教学目的的素材，只有这样才能发挥出教学情境的作用。

（二）注重情境材料的组织

1. 处理好单一素材与复合素材的关系

情境材料的恰当使用可以帮助学生更好地理解教学内容，教师要在教学中处理好单一素材和复合素材之间的关系。在一堂课中，不同的教学环节或者同一教学环节教师会使用不同类型的情境素材去增加教学的趣味性，增添课堂活力。每种类型的情境素材都存在缺陷，不够面面俱到，但是机械地将不同类型的材料堆积起来混合使用同样不能使教学效果最优化，反而对教学效果有着消极影响。

例如，在教学导入环节，教师为了吸引学生的注意力，既让学生观看图片素材、收听了音乐，又用角色扮演展示了活动，虽营造了活跃的课堂氛围，但是仅为了导入而运用复合材料，使多种素材占据了学生的思考空间，这容易让学生产生疲倦感。丰富的情境素材可以满足学生多样化的需求，帮助中学生更直观地消化教学内容，但是教师在组合情境素材时，需认真审视每种素材的特点及价值，再合理使用、充分挖掘。在单一素材能够实现目标的情况下，无须使用复合素材。若需要复合材料营造问题情境，教师需考虑各类素材间的搭配和组合，让每一类情境素材的价值得到充分发挥和利用。同时，教师需注意各类情境材料组合的连贯性，避免中断学生的思维。

2. 素材呈现数量需整合教学时间

教师在准备教学素材时要注意教学素材展示、教师讲解、学生活动等不同环节的时间分配，如果一节课花费太多的时间在问题情境的呈现、活跃课堂氛围的营造之上，那么教学内容的讲解时间势必会被占据，因此教师在准备教学素材时要学会取舍。

首先，教师要对问题情境素材的数量进行控制，之所以素材展示时间会超过教学内容的讲授时间，是因为教师选取了大量的素材。教学素材并不是越多越好，重在素材的针对性强，能够体现教学内容。教学材料的呈现不宜过多，教师需要精心挑选信息容量高、覆盖面广的教学材料，尽可能地避免因教学素材过多而无法控制教学时间的现象发生。

其次，教师要对每个单一素材的内容进行控制，这里主要是指内容的篇幅、长度。高中思想政治教师要结合各个教学环节时间的安排，把控素材的内容量，若教学时间紧张，教师可在不改变材料的完整性和准确性的基础上，对材料进行适当地修改。每一节课的教学时间都是有限的，教师要最大限度地在教学时间内实现学生有效学习。

四、情境问题的设计策略

（一）合理选择问题的提出方式

有的教学情境在设计的时候应该附带问题，有的教学情境可以不附带问题，不附带问题的情境需要学生在理解情境之后自主提出问题，这要求教师需要结合教学需要选择是否在教学情境中设置问题。总的来说提出问题主要有两种方式：

第一，教师主动呈现问题。这需要教师根据选择的教学素材设置有一定难度的问题，问题要能够激发学生的思考，让学生有探究的欲望，教师一定要注意问题设置的质量，问题不能过于简单，也不能过于难懂，要结合学生的实际设计问题；第二，学生自主发现问题。这种方式要求情境能够使学生主动提出问题并主动思考，教师在这种方式下也需要对学生做一定的引导，让学生发现问题、提出问题。

两种方式相比而言，学生自主发现问题的方式更能锻炼学生的思维能力，更能够培养学生养成提出问题的意识，能够彰显出学生在学习过程中的主体地位。在这种方式下教师主要是引导者。引导学生发现问题、思考问题，教师可以通过布置任务的形式让学生提前预习，自主提出问题，也可以让学生通过小组的讨论的形式提出问题。教师应该注意到，一般情况下学生提出的问题都是比较简单的，没有系统性。教师应该准备一些有难度、有逻辑性的问题，在学生提出问题之后，教师再提出自己的问题，这样才能够保证课堂教学的完整。

（二）注重不同问题的整合

高中思想政治课问题情境的创设要把握“问题性”和“情境性”两个维度的设计质量，力求创设“高问题化—高情境化”的问题情境，让学生在具体的教学情境中生成教学问题，培养其发现问题与解决问题的能力。因此，教师要整合不同类型的问题，提高教学问题的质量。

（1）整合“劣构问题”和“良构问题”。教师设置问题时，需要整合“劣构问题”和“良构问题”。劣构问题具有多种问题解决的方案和途径，受学生搜集信息能力，价值观、态度和信念等的影响；良构问题强调学生的记忆复述能力，适合应用于概念性的基础知识。在高中思想政治问题设计中，识记类和理解类知识宜设计良构问题，而应用类、分析类和综合类知识宜设置劣构问题，不断拓展学生的思维。教师在设计问题时要将两类问题有机结合起来，有效调控学生的思维节奏。

（2）整合“单一问题”和“复合问题”。教师要整合“单一问题”和“复合问题”，开展问题设计。虽然每个情境的问题设计不宜过多，但是即使经过反复推敲、仔细斟酌的单个问题也不能引出全部的教学内容，也无法顾及学生间的学习水平发展差异，因此，教师需要精心设计具有一定层次性的问题串，考虑不同学生的学情。每一个问题都需要有提问的意义和价值，若教学过程中教师设计的问题并不是有效问题，则不能激发学生的兴趣，发展他们的思维，促进学生认知的发展。教师在设计问题时，应尽量避免答案类似于“是”“否”“对”“错”这一类的封闭性问题或纯粹回忆知识点的概念性知识，而是设计能够引起学生认知冲突、激发学生学习热情、培养学生问题意识并且表述准确、清晰的问题。

复合问题即整合的问题集、问题串，能够使问题类型丰富多样，实现多种功能。教师要有意识地设计富有挑战性的复杂问题，不断激发学生的潜能。因此，问题的分布要具有层次性和系统性，符合学生认知特点，由浅入深、由具体到抽象，循序渐进，设计系列化问题。教师根据授课班级学生整体认知水平以及不同层次学生认知水平的差异由简及难设计问题，确保能够引起绝大部分学生的认知冲突，激发他们的表达欲望。

五、问题情境与试题命制材料相结合

（一）思想政治试题命题材料的思想与特点

全面分析近年全国政治卷，可以发现命题围绕着新课标、考试说明进行，重点对学生政治主干知识掌握等进行考察，体现素质教育的根本要求，凸显出具有时代特色的命题思想。

（1）强调学科核心素养。近年来各地高考政治试题，都在重点考查学生政治学科核心素养。同时这些试题中都重点反映社会现象、政治问题，考查学生利用政治知识解决实践问题的能力。命题者要最大程度地在知识学与用之间搭建桥梁，避免学生出现死读书的情况，并将考试与现实生活联系起来。

（2）展现时代特性。社会主义核心价值观在近年政治考卷上彰显出来，并重点反映社会生产、生活政治现象及政治问题等，对学生政治实践能力进行考察。同时高考政治考试内容体现出开放性的特点，很多题目并未有统一的答案，这可以对学生综合素养进行考查并推动学生个性化发展。

（二）试题命制材料的基本元素

（1）社会元素分析。政治试题命制时要选择鲜明的重大时事内容、选取与国家经济或人民生活相关的热点、选择体现党和国家政策路线的内容为背景材料。需要教师根据高考大纲选择合适的社会生活现象进行选题。

（2）学生元素分析。试题命制与学生生活实际、思想实际紧密联系。高中生作为社会主义现代化建设的接班人，要培养学生具有宏观战略眼光，关注社会热点并从社会角度审视社会问题，即思考社会问题时关注该问题与高中生生活、思想实际的关联，也就是会对生活实际产生何种影响，并如何从学生角度分析与解决问题。

（3）教材元素分析。政治命题时充分利用教材内容，结合教材上的文字材料、漫画、名言普句、图形表格等，利用综合设问的方式探讨教材。此外，命题命制时保证切入点的科学性，如聚合思维与发散思维切入语用法，前者有表明、说明、体现等，后者有认识、理解、启发等。

（三）试题命制材料的问题难度因素

（1）技能因素分析。技能水平也是影响高考政治试题难度的主要因素。学生解答政治试题时，通常都要经过思考与思量，解题书写时会遇到一些无法预知的问题或障碍，都需要学生进行深入思考。高考政治试题思考越多，意味着这道题的难度越大，因此高考试题绝对难度受到技能水平因素的影响。

（2）情境因素分析。高考政治试题中概念、现象及规律等属于一定情境，如果这些试题的情境学生熟悉且经历过，就会很快梳理出解题方法与途径。反之的话会造成解题难度增加，需要学生一步步分析试题怙境，排除分析过程中出现的障碍，形成解题策略。试题新颖度越高，试题难度增越大，区分度越强。

（3）知识因素分析。通常情况下考生审读试题时要运用大量政治知识点，需用的知识点越多意味着试题难度越大。试题本身受到这个因素影响，缺少客观衡量方法，试题审读与解答由学生独立完成，学生审读角度存在差异，知识掌握与储备也不同，如果一道试题中解题步骤与宽度越宽，使得学生记忆出现超负荷情况，解题时就很容易忽略某些知识点，会直接影响到高考政治成绩的提升。

（四）试题命题材料的问题情境创设策略

1. 生活教学

培育思想政治学科核心素养的长远目标在于学生能够运用学科内容应对各种复杂的社会生活情境。试题命题所选择的评价情境，应该能让学生愿意说真话，愿意真实展现自己的学科核心素养发展水平。学科内容也只有与具体的问题情境相融合，才能体现出它的素养意义，反映出学生真实的价值观念、品格和能力。因此情境素材应源于学生熟悉或能够理解的、具有一定影响力和新鲜度的真实生活，并对所选情境素材进行必要的再构，在基于事实的前提下增加或删减，以更好地契合试题设问需要。

从科学世界向生活世界回归是教育发展的基本趋向，我们的教学要能够“指向生活”，巧妙利用学生身边的生活资源，挖掘政治知识的生活内涵，例如，以“文明养犬”为议题情境中，设置一系列子议题：①面对恶犬伤人事件，我们要通过何种方式表达想法；②对“文明养犬靠自觉还是靠管理”进行辨析理解；③你若作为组织者召开社区听证会，为文明养犬征集意见和建议，需要注意哪些问题。这些子议题的设置借助具体的生活事例，丰富教学内容，开阔学生视野，让学生感悟所学知识的真正价值所在。

2. 议题式教学

学科任务导向型考试命题框架要求我们根据学科内容之间的内在关联，按照课程内容要求与学业质量标准，梳理相关学科的基本概念、基本原理、基本方法，明确内在结构，确定考查形式。零散化、碎片化的学科知识与技能学习，不可能让学生真正实现解决真实、复杂的问题情境，更不可能体现学生的思想政治学科核心素养发展水平，因此在试题命制的过程中，我们要创设丰富多样的问题情境，统筹试题涉及的主要内容和相关知识，以提高命题的针对性和实效性。

就目前而言，议题式教学能够以“议”的方式，通过情境创设、方法指引、策略探究和发现陈述等方式展示学生通过活动实现的对学科内容的学习与落实。例如，在“我国的分配制度”的教学设计中，可以以“北联村油菜花经济”为情境设界一系列议题，以家乡人、家乡景、家乡事为议题背景，更能涵养学生的家国情怀和学科素养。在“用联系的观点看问题”的教学设计中，以“港珠澳大桥”为情境设置议题，把社会时政、热点事件引入课堂，让学生真实感受改革开放的丰硕成果，激发学生的民族自豪感和自信心，使政治认同悄无声息地在学生心中生根发芽。

第三节　高中思想政治教学问题情境创设实施策略

一、多途径展示问题情境

教师需要熟练地呈现问题情境资料，以更有效地介绍问题情境，然后再结合教学内容和教学形式达成教学目标，获得理想的教学效果。单一情境方法会使学生产生审美疲劳，削弱学生学习的积极性，并对问题情境难以产生兴趣，教师必须灵活使用各种方法来充分调动学生的学习兴趣。

（一）用实物展示情境，加强可信度

通过具体和实际的对象来创造教学情境，教师必须在人员、物质资源和时间允许的范围内尽其所能，并充分准备教学辅助工具。为了减轻教师的教学负担，高中思想政治教学研究组的教师应彼此合作，一起研究，共享合作成果。教师可以一起分享教学情境的内容，互相提高教学能力。

如果条件允许，教师应该和学生一起完成情境体验，帮助学生理解情境体验中的内容，帮助学生提升各方面的能力。比如，在和学生讲到共产党相关的内容时，可以组织学生前往一些有意义的红色景点，如烈士陵园、当地的革命遗址、博物馆等。

（二）用活动再现情境，加强体验感

通过开展特定的活动来创建问题情境，学生会积极参与创建问题情境的过程，这是学生逐渐熟悉、了解情况并提出问题的过程。学生通过表演来模拟现实中的情况，并结合他们的生活经历，使学生可以沉浸其中，然后根据教学的

实际情况采取对应的活动方式，带领学生进行角色扮演、表演、模拟会议、辩论比赛、迷你游戏等。学生选择一个意向的角色去扮演，然后再深入到该角色中，将教学内容融入表演过程中，让学生对知识有亲切感和兴趣，加深学生的内在情感体验，让学生可以更深刻地记住这些知识。

要使用活动再现所需要的情境时，老师和学生都必须准备充足。教师负责确定适当的活动形式和内容，确定学生的表现形式，根据教育内容提供相应的指导，并指导学生如何参加所设计的活动。课堂的活动受到场地和活动形式的限制，每个活动参加的学生不应过多，应该保持在合理的学生人数之内，在选拔参与活动的同学时，教师应该公平公正，看到每个同学的闪光点，挖掘他们的特点，给他们展示自己的机会。当老师给予的活动材料有限时，学生应该相互合作，自己搜集所需的资料，完成表演活动。

（三）用媒体演示情境，加强感染力

当前，使用多媒体技术呈现教学内容是教师普遍采用的一种方法。教师使用幻灯片来向学生们展现教学所需的图片和视频等材料。一方面，它可以为学生提供更直观、更深刻的信息，让学生记忆更深刻。另一方面，它可以为人们提供丰富的情感体验，并使他们更容易理解所学的内容。这要求教师精通所需要的信息技术并能够灵活地使用。在准备课程时，教师应根据他们的实际情况选择适当的教育媒介，完成内容教学。

二、引导学生感知问题情境

如果教师在介绍了所有情境材料之后，没有让情境自发形成，在这种情况下，教师要进行指导和分析，去引导学生感知问题情境。高中思想政治学科并不是让学生获得教科书的知识，还应该兼顾到学生的精神世界，注重学生心理和精神的发展，为了达到此效果，教师应该潜移默化地塑造学生的三观。

（一）有效组织与调控课堂

学生对问题情境的良好认识基于教师有效的课堂组织和控制能力。一方面，课堂的时间都是固定的，这个是不能打破的，教师能做到的是控制自己教学的进度和教学节奏，能根据学生的学习情况及时调整。教师有必要在不同的教学情况下改变教学的进度，以使学生有充裕的时间来消化所学的知识，并不断地引导学生深入到教学情境中，发现问题，思考问题，提出解决问题的方法。此外，在课堂上仍然存在着一些因素影响着学生们的注意力。教师在教学过程中，应注意学生的注意力集中情况，发现学生的注意力不集中时，要及时指正。

对于课堂的管理方法，教师可以使用语音和手势来提醒学生，让学生们集中注意力，专注课堂内容。老师的发音、语调、说话速度或话语之间的停顿，都是影响学生注意力的关键方法，能够吸引学生对课堂的注意力，教师在课堂上应该合理利用。

（二）营造愉悦的课堂氛围

当一个人处于放松状态时，才能发挥最大的创造力和潜力。为了提高教学效果，教师应为学生营造舒适愉快的学习氛围，使学生的心理情况良好稳定，可以和教师形成良好互动，并持续在积极健康的氛围中学习。除此之外，教师也要适当地使用教学语言。

首先，教师应注意自己的肢体语言和体态体语言，在教学过程中要持续留意自己的语言是否给学生造成了压迫感。教师应用轻松的表情面对学生，同时应避免采取一些压迫性的姿势去讲课，如双臂交叉在胸前、双手叉腰这样的姿势，以免学生变得紧张。教师应使用鼓励、肯定和认可的表达方式，以帮助学生舒适、有自信地学习。

其次，教师还需要注意口头语言。教师的言语表达不能过于随意，也不能太严肃。对于班级的后进生，教师需要用积极的语言来增强学生的自信心，鼓励他们参与到课堂中来，激发学生对于学习的兴趣。当学生在回答问题时给出错误答案时，教师也不应该辱骂和耻笑学生，应尊重学生的表达，用合理的方式引导学生找到错误的原因，进而找到正确答案。在课堂上，老师和学生的关系非常重要，一个良好的互动关系能够构建轻松和谐的学习氛围。

（三）引导学生提出疑难问题

当前，大多数高中生对问题的了解意识还不够，并且经常被动地学习知识。因此，教师必须学习如何引导学生自己发现和提出问题，掌握提出问题的方法。

首先，教师要指导学生注意问题所在，并在出现心理困境时留出时间思考。如果教师试图解释或提出问题，那么就无法实现问题情境教学的最初目的。

其次，为了提高学生的积极性，让学生可以主动提出问题，教师可以运用合适的方法引导和激励学生竞争，激发学生对于输赢的欲望。

最后，思想政治老师在学习过程中必须结合学生的思想和现状，并向学生进行适当的提示，运用合适的技巧引导学生去思考。例如在特定的层次和维度上思考问题，找出问题的重点，并及时鼓励和赞美学生，激发他们的学习热情。

三、灵活处理课堂的问题情境资源

（一）合理利用学生的“错误”回答

在准备讲座时，教师应该预先设置好教学内容和讲座内容，甚至讲座时所采用的语言和学生的反馈都应该进行充分的考虑。然而，不可忽视的是课堂是具有创造力的，课堂上教师可以创建的资源，比如与学生的互动等，教师要根据课堂的实际情况为学生创造对提出问题有利的情境，灵活处理，丰富自己的课堂内容。

如果师生互动的过程中学生的回答是错误时，那么老师不能无视学生答案的来源，或急于拒绝学生根据自己的观点得出的答案，而是应该引导学生去思考正确的答案。学生应该识别回答问题的不同角度，提高自己的思维能力。学生在互动过程中暴露的错误越多，那么也代表着老师发现和纠正错误并提供新的学习要点的机会就越多。教师应鼓励学生学会独立地提出问题，并思考问题。在教学过程中，教师的重点不是让学生去被动地学习知识，而是在思考过程中培养学生的思维能力，让学生更有创造力。

（二）指导学生设疑方法

学生的提问质量需要提高，思想政治教师可以在课堂上巧妙地指导学生提问的方式，或者在课后为学生提供简单的指导。

首先提出的问题必须主题清楚，具备相关性，学生问的问题必须表达清楚，语言必须正确。同时，这个问题必须与教育的内容紧密相关。教师应该站在学生的角度去思考，帮助学生去理解课堂内容和所学知识，帮助学生提出问题，解决问题。

其次，提问的方式很多，为了充分培养学生的思维能力，学生可以多角度、多方式地进行提问。同时，在课程中老师应该积极为学生创造提问题的情境，使学生能够在充满活力和令人有学习动力的环境中学习，达到高中思想政治课程性质的标准。

一线教师在了解高中思想政治教育形势的形成策略后，应该整合并不断反思他们的教学实践。一线教师必须有对问题情境的清晰认识，并在实践过程中对他们要采取的教学方法进行改进。一线政治教师还要与时俱进，做到“终身学习”，不断地丰富自己的知识体系，更新教育观念。在创建问题情境时，有必要纳入当前的社会事件和社会密切关心的问题，将它们和教科书的课本内容进行结合，引导学生进行思考，提出问题，从而达到理想的教学效果。

第四节　高中思想政治教学问题情境创设的现实意义

一、利于激发高中生对思想政治课的学习兴趣

相较于英语、语文等人文学科和数理化等纯数理逻辑的自然学科而言，高中思政学科的教学内容就显得十分无趣、枯燥，容易让学生产生不切实际的感觉，而高中生学习的内在动力就是兴趣，它是学生最好的老师。从心理学角度来看，外在动机比内在动机的影响力更小，现今，为增强学生的学习动机，教育体制在普遍地运用奖励、特权与考试成绩等外部刺激，却轻视了学生对要学的知识是否有兴致的问题，这是降低学习价值的体现，并且，这也会对学生的学习效果与效率产生影响。

通过创设问题情境，高中思政教学把乏味、抽象的理论知识汇入到问题情境创设中，让学生可以真正地清楚所学知识的意义、价值。把技能、知识硬塞给学生，不考虑学生是否愿意与需要接受，使学生处于被动吸收的状态，这就是“灌输式”教学方法。反之，“问题情境”一方面使学生处在特殊的情境中易形成积极的情感体验，可以体现出对马上要了解的知识本身的期待与强烈兴趣，进而逃离以往的机械记忆学习；另一方面通过有研究性的真实问题去激发学生的学习欲望，会拉近和高中思政学科之间的距离感。

二、利于培养高中生的问题意识

学生在传统教学模式下缺乏问题意识。通过观察不同学习阶段学生的表现

得知，小学阶段学生的好奇心是最重的，他们会积极、主动地向教师提问题。

随着学龄的持续增加，学生会变得愈发不敢提问题，愈发不善于提问题。学生机械地吸收各种知识，但是却很少有学生会思索“为何要学习”这个问题，这也导致了他们无法把所学技能与知识应用到具体的生活问题中。并且，学生会将教师所教授的内容、教材上的知识奉为至理名言，而不会去怀疑教材中观点的正确性，缺少独立思索问题、发现问题的能力。而且，在平常教学时，学生多数扮演着“回答者”的角色，教师仅注重学生掌握知识的程度，却轻视了对学生“问题意识”的培养、锻炼。长此以往，就会产生学生问题意识淡薄的现象。

问题情境与培养问题意识息息相关，优秀的问题情境更容易让学生提出问题、发现问题。把学生放在矛盾的心理困境中，让学生的身心处于兴奋的状态中，在发现问题后急切希望解决问题就是问题情境的创设。学生是带着疑问、质疑的立场去积极发现问题，而不是机械地吸收知识。

三、利于改善高中生的思维品质

学习的着眼点是为了锻炼、训练人的思维能力，而不是为了在脑子里能记住多少知识。从辩证法的方向分析，我们学习的真理是暂时的、可变的，世界上没有绝对准确的真理，然而人在长期的训练中产生的思维方式、思维品质却是固定的。

思维可以分为不同的类别，例如围绕问题，借助自己现存的知识储量去处理问题的“求解性思维”，运用已经有的知识与经验去组织全新事物的“创造性思维”，此外，还有分解思维、演绎思维、求异思维、归纳思维、批判思维和对比思维等。在传统教学模式中却展现出轻重倒置的情况，如传统教育轻视对学生思维能力的培养、训练，更注重学生对知识的记忆，这种教育模式下的孩子会缺少思维的批判性、独创性和灵活性。

如同解决问题的开始环节是发现问题一样，创造性思维的开始也是问题。教师在教学中须充分发挥出学生的主体地位，适当地创造有效的问题情境，激发学生解决问题的期望，使学生的思维拥有批判性、灵活性，可主动积极地考虑问题。并且教师应同意学生说出不同的声音，激励学生大胆地表达、传递出自己的观点，潜意识地锻炼学生的发散性思维。

四、利于落实情感态度价值观的教学目标

高中思政教师需重视实现思政课价值引领、观点教育的功能，帮助学生树立正确的价值观。部分教师在高中思政课的实践教学中，轻视了价值观、态度、情感的落实与指导，而只注重学生技能的习得与掌握、知识的获取与记忆。因为思政课学科的特殊性质，学生的学习需要历经从“行、意、信、情、知”的转变过程，所以学生的思想感情也是举足轻重的。情感是具有感染性的，可以发挥出不可衡量的教育作用。学生行为与思政知识之间的桥梁即是学生的情感体验。倘若情感体验缺乏，那么学生就会表现出对所学观点与知识的不信任与冷淡。情感上的认同度匮乏就一定能引起学生言行上的差错。

人的情感必定是在一定的情境与场景中形成的，问题情境创设不但能够使学生从感情上更好地吸收、掌握所学的知识，还能够刺激学生探究知识的激情与冲动。所以有意识、有目的地创设问题情境有利于实现高中思政课情感态度价值观的教学目标。

参考文献

[1] 蔡天朋. 高中思想政治课中的情境教学研究 [J]. 考试与评价，2014（08）：39.

[2] 陈振发. 融通溢彩跌宕生辉——高中思想政治课情境教学流程初探 [J]. 新课程研究（下旬刊），2012（07）：98—101.

[3] 单莹. 提升高中思想政治课堂品质的研究 [D]. 武汉：华中师范大学，2019：9—16.

[4] 郭爽. 论情境教学在高中思想政治课中的运用 [J]. 学理论，2015（21）：170—172.

[5] 郭秀霞. 高中思想政治课堂教学中创设有效情境的价值与策略 [J]. 西北成人教育学院学报，2016（01）：63—65.

[6] 何燕红，程迪. 思想政治（品德）课程与教学论 [M]. 成都：西南交通大学出版社，2018.

[7] 黄雪丽，郝倩倩. 高中思想政治教学中学生深度学习的引导策略 [J]. 教育探索，2019（4）：77—81.

[8] 惠瑞娜. 高中思想政治课情境教学研究 [D]. 开封：河南大学，2013：16—26.

[9] 季成伟. 高中思想政治课程教学的个性实施 [J]. 上海教育科研，2011（4）：84—85.

[10] 江舟. “三个离不开”思想在普通高中思想政治课教学中的运用 [J]. 基础教育课程，2020（20）：53—57.

[11] 姜慧丽. 创设“问题情境”开展思想政治理论课教学 [J]. 哈尔滨职业技术学院学报，2015（04）：71—72.

［12］蒋国民. 提升高中思想政治课堂情境创设有效性的策略［J］. 现代中小学教育，2009（5）：3—5.
［13］李傲霜. 思想政治教育审美情境创设研究［D］. 长春：吉林大学，2020：7—44.
［14］李靖. 对分课堂：高中思想政治教学的新探索［J］. 现代中小学教育，2018，34（3）：30—32.
［15］李肖. 情境式教学在思想政治理论课教学中的运用——以“中国近现代史纲要”教学为例［J］. 学校党建与思想教育（高教版），2012（7）：53—55.
［16］李晓蓉，张新. 情境教学在思想政治课中的运用［J］. 中学政治教学参考（下旬），2013：28—29.
［17］廖洲华. 钟尽音犹在结尾韵无穷——高中思想政治课堂的结尾方法［J］. 江西教育，2011（Z6）：50.
［18］鹿菁芸. 高中思想政治课堂结尾研究［D］. 山东师范大学，2020：25—40.
［19］罗石，曾润梅，刘亚君. 思想政治理论课情境教学模拟实验的探索与实践［J］. 思想理论教育导刊，2013（1）：81—85.
［20］马伟琴. 思想政治课教学情境创设的几点思考［J］. 中学政治教学参考（下旬），2013：26—27.
［21］宋敏慧. 高中思想政治课教学策略探析［J］. 现代中小学教育，2015，31（7）：124.
［22］苏萌. 关于高中思想政治课情境教学的研究［J］. 知音励志，2016（20）：30.
［23］孙蓓. 论高中思想政治课的情境教学［J］. 佳木斯职业学院学报，2018（01）：96—97.
［24］孙晓东. 情境回归思想政治课教学的有效方法［J］. 中学政治教学参考，2012（010）：56—57.
［25］汤韬. 高中思想政治课创新教学方法探析［J］. 吉首大学学报（社会科学版），2013（Z2）：209—210.
［26］王德明. 高中思想政治教学中“议题”设定的路径［J］. 基础教育课程，

2020（24）：37—42.

[27] 王峰.立足高品位的高中思想政治学科核心素养教学走向——以“收入分配与社会公平”教学为例[J].现代中小学教育，2020，36（6）：14—17，28.

[28] 王洪新，于冰.“问题情境法”在思想政治理论课中的实施策略[J].思想理论教育导刊，2012（6）：73—75.

[29] 王菅.浅析高中思想政治课中情境教学对情商培养的意义[J].新课程（中学），2014（03）：90—91.

[30] 张凤莲.高中思想政治教师课堂教学行为评价研究[J].思想政治课教学，2020（3）：88—91.

[31] 张晋，赵明辉.分裂与融合：高中思想政治学科知识与教学活动研究[J].基础教育课程，2020（24）：43—47.

[32] 张秀芬.思想政治课“结构不良问题”的情境创设[J].教学与管理（中学版），2020（11）：68—69.

[33] 郑立坤.新课程理念下高中思想政治课情境教学的研究[J].新课程（教研版），2010（04）：171—172.

[34] 周镇东.浅谈自主性学习教育理论在高中思想政治课教学中的尝试[J].民族教育研究，2009，20（1）：28—31.

[35] 朱德蘖，张园园，王鹤.思想政治教学有效研究[M].青岛：中国海洋大学出版社，2017.

[36] 朱志平.高中思想政治议题教学：内在机理与实践样态——以“市场配置资源”公开教学为例[J].基础教育课程，2019（3）：21—26.

[37] 孙智明，张志.普通高中思想政治课议题式教学中亲和力元素的引入[J].基础教育课程，2021（6）：54—58.

[38] 洪少帆.思想政治学科核心素养引领下的教学设计策略——以《公有制为主体多种所有制经济共同发展》为例[J].基础教育课程，2020（3）：71—75.

[39] 李辉.思想政治教育情境的创设：现状与基本思路[J].中山大学学报（社会科学版），2004，44（2）：99—104.

［40］董杰. 思想政治教育情境：现代思想政治教育学的重要范畴［J］. 湖北社会科学，2009（10）：192—195.

［41］陈成文，刘馨瑜. 人文主义与科学主义的融合：思想政治教育学科的研究范式［J］. 甘肃社会科学，2011（6）：80—83.

［42］蒋兴春. 思想政治课精准开展议题式教学的三个基点［J］. 教学与管理（中学版），2021（4）：54—56.

结　语

思想政治课程具有较强的理论性，内容比较复杂、抽象，对很多学生而言都比较枯燥。

随着新的教学方法不断涌现，为提高高中思想政治的教学效果，教师可以对教学目标、教学环境和教学管理等进行最大化的优化，充分发挥情境教学法的优势，创设情境、以境促情，在真实生动的情境中实现师生情感共鸣；教师要注重方法，在促进学生知识增长和能力提高的基础上实现情感目标；要突出教学的生活性、实践性，营造动态生成的生活课堂；也要突出时代性，发挥多种媒体的作用，营造富有现代气息的动感课堂。